フカ（ようはサメ）
煮物にして食べる。脂のってる！

JN189371

三尺バナナ
（通年）

トビウオの炊きこみごはん
ショウガと醤油を入れても
トビウオの開きを丸ごと入れて炊いちゃう☆（by.島人）

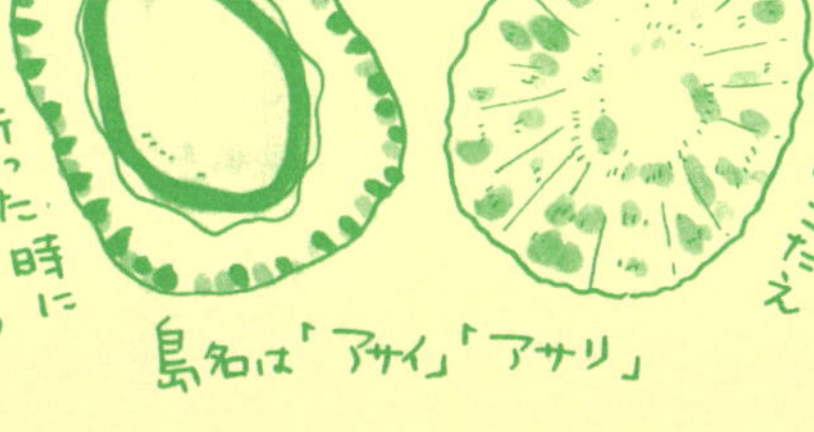
ツタノハガイ
8月下旬に行った時に頂きました～♡
コリコリ歯ごたえ
島名は「アサイ」「アサリ」

島好き最後の聖地

トカラ列島
秘境さんぽ

松島むう

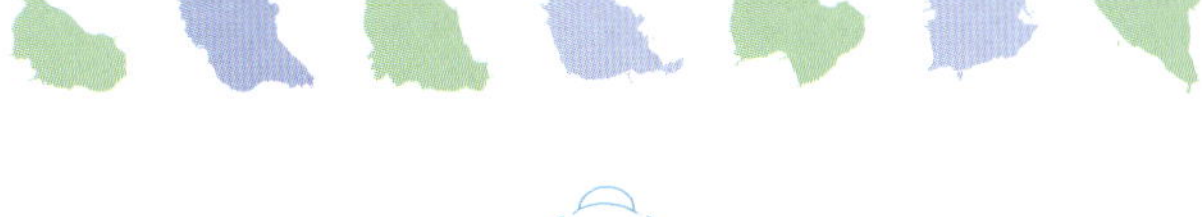

西日本出版社

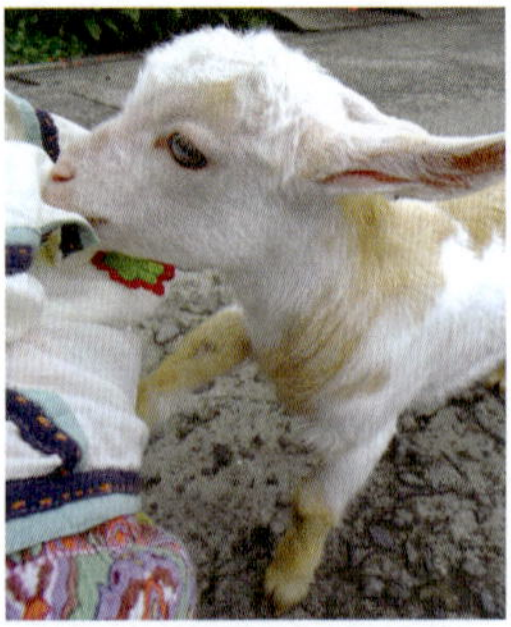

露天風呂

フェリーとしま
十島村

巡回診療等に使われる高速艇「ななしま」
観光用にチャーター船としても利用できる

旧船
フェリーとしま
TOKARA
フェリーとしま

宝島のバナナファイバー

上村～学校
下村～学校

高級魚 チビキ♡

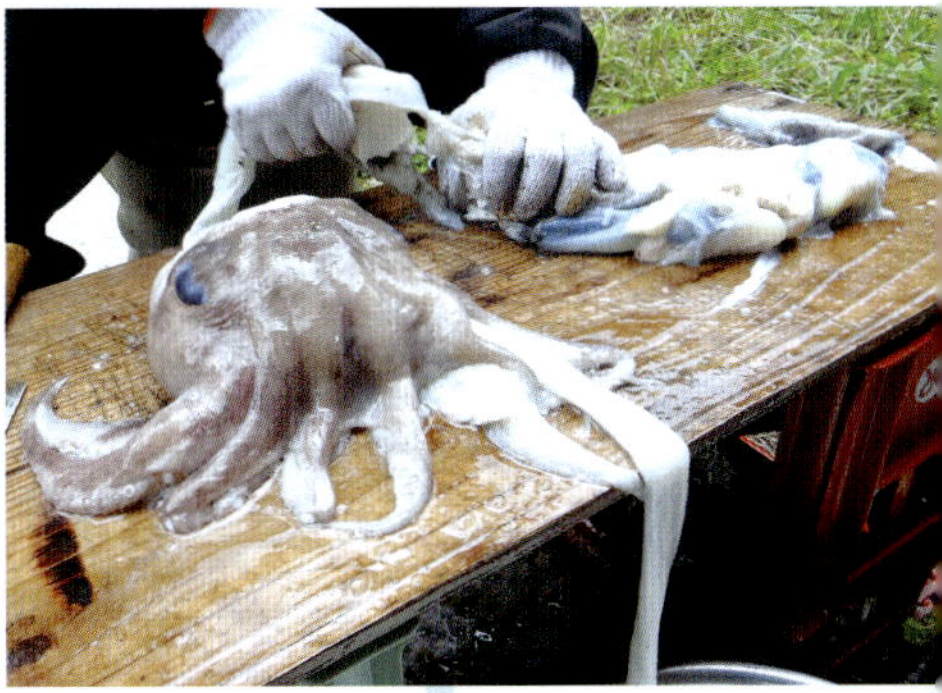

コレが
GT!!
(ロウニンアジ)

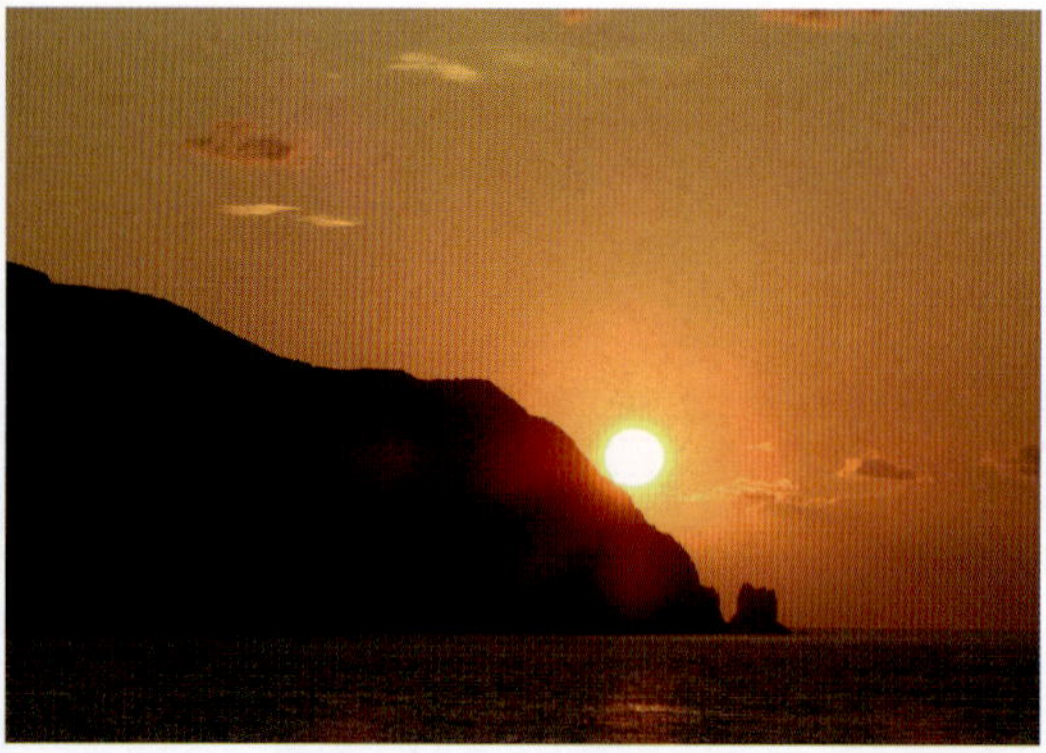

ドナッドナ
ドーナ
ドーナー

目次

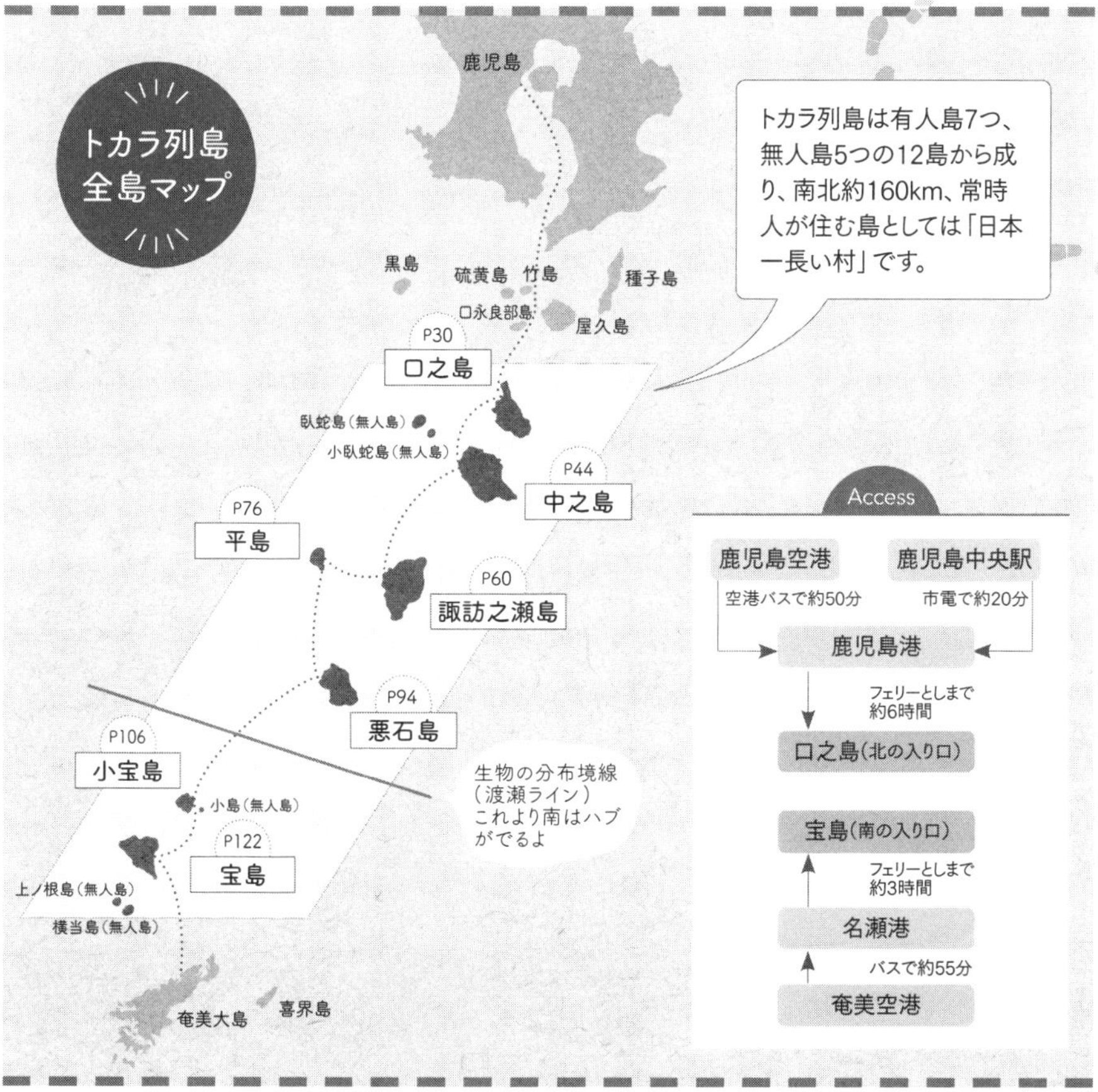

トカラ列島
全島マップ
鹿児島
トカラ列島は有人島7つ、無人島5つの12島から成り、南北約160km、常時人が住む島としては「日本一長い村」です。
黒島
硫黄島
竹島
種子島
口永良部島
屋久島
P30
口之島
臥蛇島（無人島）
小臥蛇島（無人島）
P44
中之島
P76
平島
P60
諏訪之瀬島
P94
悪石島
P106
小宝島
小島（無人島）
P122
宝島
上ノ根島（無人島）
横当島（無人島）
奄美大島
喜界島
生物の分布境界線（渡瀬ライン）これより南はハブがでるよ
Access
鹿児島空港
空港バスで約50分
鹿児島中央駅
市電で約20分
鹿児島港
フェリーとしまで約6時間
口之島（北の入り口）
宝島（南の入り口）
フェリーとしまで約3時間
名瀬港
バスで約55分
奄美空港

はじめに

〝日本最後の秘境〟と呼ばれ、唯一の足である週2便の村営フェリーは予定通り出ない時もあるらしい。究極の離島。その名は「吐噶喇《トカラ》列島」。異国のような名前と謎いっぱいの未知の世界。コレを、行かずにおれようか！

トカラに憧れて早数年。満を持して鹿児島港から乗り込んだ「フェリーとしま」。その日、船内の食堂は私の予想を超えた状況になっていた。10月下旬のオフシーズンなのに、ほぼ満席！　食堂は島に向かう工事業者陣の宴が、超絶賑やかに絶賛開催中！　な、なんだ!?　このテンションの高さは!?

工事業者御一行に遅れるコト数分。入口辺りにもう一つ輪ができた。

「よ！　元気か？」

島人と思われる人たちが、次々と輪に加わる。ビール（もしくは、焼酎）を片手に。近くにいた私もちゃっかり輪に混ぜてもらう。同じ島の人同士かと思いきや、それぞれトカラの違う島の人たちの様子。悪《あく》石島《せきじま》のおっちゃんには「悪石島に来たら、うちに遊びにおいで」と言ってもらい、平島《たいらじま》のおっちゃんには「中之島《なかのしま》に行くなら、ブヨに気をつけなさい！」と何度も念を押され、小宝島《こだからじま》のおばちゃんには「食べきれないから」と、にぎり寿司（寿司屋の高級寿司！）を分けていただく。トカラ旅早々、なぜかわからないけど、めちゃくちゃ楽しいではないか！　台風でフェリーが欠航していたコトもあり、一週間足止めをくらっていた島人や工事業者の人たち（だから、いつもより人数が多いのかも）。私も右に同じく。乗り込むまで「ツイてない」と、落胆していたコトなんてすっかり忘れてしまっていたのでした。

　トカラは七島で十島村《としまむら》という一つの自治体だから、皆顔見知りなのだろうか。入れ代わり立ち代り、島人が輪に入っては去って行く。まるで、ココは海の上の移動式集会所のよう！

　未知数のワクワクと、楽しさと、ドキドキが、まるで発酵を始めたどぶろくのように、プクプクと身体の奥から湧き上がる。こうして、私のトカラ旅は、めでたく幕を開けたのでした。

トカラのゆるくない、ゆるキャラ!?

異世界からの来訪神

ボゼ降臨

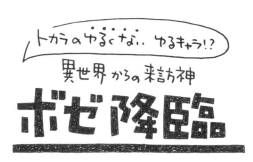

日本最後の秘境
吐《ト》噶《カ》喇《ラ》列島
七つの有人島と五つの無人島からなる
そのほぼ中央に位置する悪石島
そこには毎年旧暦7月16日に
仮面神が現れる
「ボゼ」と言う名の—

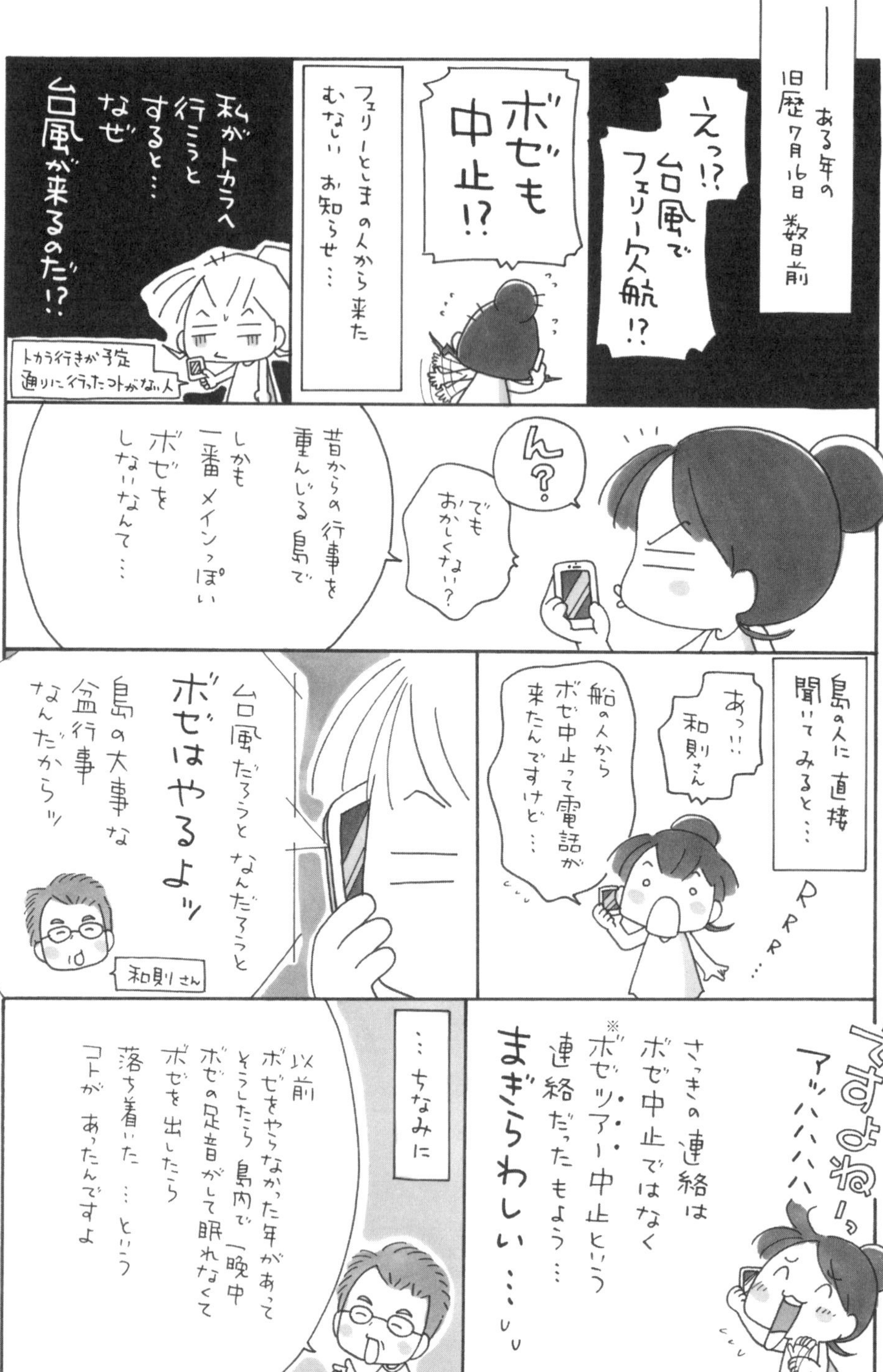

※ボゼツアー…詳細は十島村役場HP（http://www.tokara.jp/events/）で随時公開。
お問合せ：十島村役場地域振興課（TEL099-222-2101）

ーと、言うわけで
旧暦7月16日
個人旅行組は
無事
悪石島に
降り立ったのです
フェリーとしま
TOKARA
あれ？
むうさん？
待ってましたよー
悪石島
じま
2009.6.14.
天文館の呑み屋で
潤さんと松島に
誘われて来た人たち
やっと着いたーッ
先に島入りしていた
島カメラマンの
安藤アン誠起さん
斎藤潤さん▶南鳥島以外の日本の有人島をすべて
制覇している島旅ライター。著書に『吐噶喇列島』等多数
某漫画家さんの
取材の
アテンドで来てて…
わっ
加藤さんッ!!
加藤庸二さん
日本の有人島をほぼ
制覇しているカメラマン。
著書多数
島のスペシャリストを
集結させる
なんて…
島の二大巨匠ッ
豪華ちゃ
ひーッ
ご…
ボゼのパワー
恐るべしッ
こんにちはー
ごぶさたしてます

ボゼまで時間があるから「テラ」に行ってみますか?
―と、言う潤さんの提案で
ココがボゼの生まれるトコロ
宿に荷物を置きテラへ――
無人の寺《テラ》
ココに入ってるのは赤土
ボゼの顔や棒に塗るんだよね
赤土
コレは水の子
潤
ホウセンカ
ナス
きゅうり
キビ
あわ
ウリ
ハイビスカス
カラフルで南国っぽーい
テラの横にはお墓があります
お墓もお盆用に飾られてるー
有川家先祖代
ココにも水の子があるッ

＊例年は14時からの開催。この年は雨天のため、15時スタートでした。

じゃ はじめましょうかー
和則さんの 静かな ひと言で ゆったりと はじまる 悪石島の盆踊り
「盆踊り」と、言っても…
こういう にぎやかなのでは ないのです
念仏を唱えるように
ボソボソと歌い
ただ 静かに ゆっくりと 円を描いて まわる
しかも 踊るのは 〝男性のみ〟と 決まっています

＊通称「民映研」。日本の基層文化を映像で数多く記録している団体。映像はレンタル可能で、全国各地で有志により、その都度、上映会が行われている。

＊鹿児島の人は「そうです」と言う時に「ですです」と言う人が多い印象があります（松島調べ）

とざい とーざい〜
!!
ドンドンドンドン
ドンドン
この雰囲気は もしや…!!
ドンドン
ドンドン
ドンドン
ドンドン
キ…
キタッ
もう一体は坂の上から登場しますら

ボゼが狙うのは
基本的に女性と子ども(と観光客)
ボゼの持つマラ棒でつっつかれると
悪魔払いの意味があるそう
マラ棒に着いている赤土は 服に着いたら なかなかとれない(汗)
頭がつかえて
ガッ
ゴッ
ガッ
ザッ
ザッ
部屋の中に入れなかったり
きゃ〜ッ
本気で怖がられたり
ザザッ
いやー
島産まれ育ちのおばちゃん。子どもの時のトラウマで、ボゼが怖いそう。
カモーン
外国の方に挑発されたり
某TVの撮影で数日間、島に滞在していた外国人タレントさん
現代のボゼ*はなんだかかわいい(笑)

＊ボゼは、神主に呼び出された来訪神であり、盆行事において、ご先祖の霊を供養した島人たちを、新たな生の世界へ導き蘇らせる役割を担っているという説も。善悪未分化の神様なのだとか。

うーーーん
今年のボゼは大人しいなぁ…
え？
昔はもっと激しくて
ボゴ
ボゴ
高額のカメラは壊されるし
ぎゃーッ
オレのカメラがーッ
部屋の中にも赤土を付けて入って行ってたんだよねー
ベタ
ベタ
赤土で汚れる畳
その年のボゼ役は
ボゼの面を作りながら決めるらしい
古くなった手籠《テゴ》がボゼの骨組みになる
面作りは、成人男性だけで行い、女性も子どもも見てはいけないそう
ココ数年は高齢化なコトもあり
鹿児島から赴任中の学校の先生がボゼ役をするコトが多いそう
今年のボゼ役のうちひとりは学校の先生だからさー
あーなるほど
そりゃいろいろ遠慮しますわなー

ひととおり人々を追いかけまわした後
3体でゆらゆらと踊り出すボゼ
ドッ ドッ ドッ ドッ ドッ ドッ
そして来た方向へと去って行く
ヨタ ヨタ
なんだか…
ふらっ
超お疲れモード!?
3体の踊りは本来20分ぐらいあるんだけど今回は写真撮影が長引いたから7分ほどしかなかったね～…
え゛!?
ボゼの衣装はこの真夏に長時間は着ていられないのだそう
宣伝も大事だけど民俗行事も大事よなぁ…
う゛ーーーん
悶々としてしまう私なのです…

ボゼの後はー
泣けばやれます サネン花ヨ〜
ココからが実は島人の本番!?
ピュ〜イ
ピュッ
ピュッ
ドン
ドン
ながい黒髪友 島〜む〜すめヨ〜
島〜む〜すめヨ〜
軽やかでリズミカルな奄美系の盆踊りがはじまりました
誰が参加してもOK!!
観光客でも頂いていいーんですか!?
いーのいーの
奄美の黒糖焼酎
プハーッ
うれしーうれしー島人の踊りに混ざれてうれしーー♡
あ。
潤さんと長老ご夫妻だ!
体調のコトもあり今は鹿児島に住んでいる長老ご夫妻
潤さんが初めて悪石島に来た頃からのつき合いなのだそう（かれこれ43年!!）
今回潤さんと一緒に何年か振りに島に降り立ったのだとか

さて
踊った後の お楽しみ
それは…
公民館での宴
島のお母さん 手づくり オードブル
えだ豆
ふきの煮物
茹で大名タケノコ
サツマイモと人参のかき揚げ
かぼちゃの煮物
サワラの燻製
ジャガイモの塩茹で
さつま揚げ
しめサバ
しいたけの煮しめ
かんぴょうの煮しめ
こんにゃくの煮しめ
昆布の煮しめ
島の男性陣の輪
ガヤ
ガヤ
混ぜてもらった
取材陣の輪
ワイワイ
島の女性陣と子どもの輪
ふだん出逢わないような
人たちが わんさか
宴の場は なんだか
ミラクルワールド
でした
ボゼは様々な人々を
惹きつける ようで
数日前から 島入りしてるよー
某TV番組制作の人
……
なんだか静かな方でした
フランスのメディア関係の人…らしい
ラジオで使う「音」を録りに来てるんですよ
某ラジオ局の人
この漫画にボゼが出て来るんですよーッ♡
咲
saki
漫画の聖地巡礼で来た人
ボゼツアーは大阪発と東京発しかなかったんで自分たちで船も宿も予約して来ましたー
鹿児島から個人旅行で来た女子2人

島人と観光客とが入り混じるこの感じ!!ええわぁ♡サイコーヤッ
へー!っ
このキャラがボゼを…!!
ワイワイ
おじぃ!!
おじぃ!!
よう帰って来たな
元気しとったか?
島の人が年長者をこんな風に敬う光景もいいなぁ…
おじぃ!歌ってくれよ!!得意な歌!!
そう言えばさっき…
ボソッ
今年はカラオケがないのか…
カラオケ大好き
↑この日の朝宴用のカラオケセットが雷で壊れたそう
にこっ

長老が歌い出したとたん
みんなの動きが止まり
全員の視線が長老に注がれ
あ〜 どっこいしょ
誰からともなく手拍子がはじまりました
あ〜 どっこいしょ
どっこいしょっ

な…
なんだー〃
コレ!?
長老を中心に
いろんな空気が
ぐるぐる ぐるぐる…
ひとつに なっていく
す… すごいッ!!
心が震えるって
コウいうコト!?
島人がひとつになる瞬間
それは きっと
ボゼからの
とっておきの置き土産
なのだと 思うのです

1

口之島

kuchinoshima

野生牛と固有種タモトユリの島

DATE

面積	13.33㎢
周囲	20.38km
最高点	628.3m
人口	126人（H29年5月現在）

イノシシもシカもいないトカラ。
畑の天敵は　ネコなんだとか！

大根をかじってるコトもあるそう。

戸尻海中温泉

30度前後とぬるい湯。
コレを温めて入れるように 温泉施設を島民でつくったそう。だけど、ボイラーが壊れてopenせず、そのまんまなのだそう

野生牛

黒毛和牛の元種。家畜が野生化したもの。
野生なので 刺激を与えないようにね。
セランマ温泉方面にいるので、そちら方面に行く際は、徒歩より車が　いいかも。

屋内・露天とある温泉。
入る時は、島の総代さんに言ってカギを開けてもらってね。

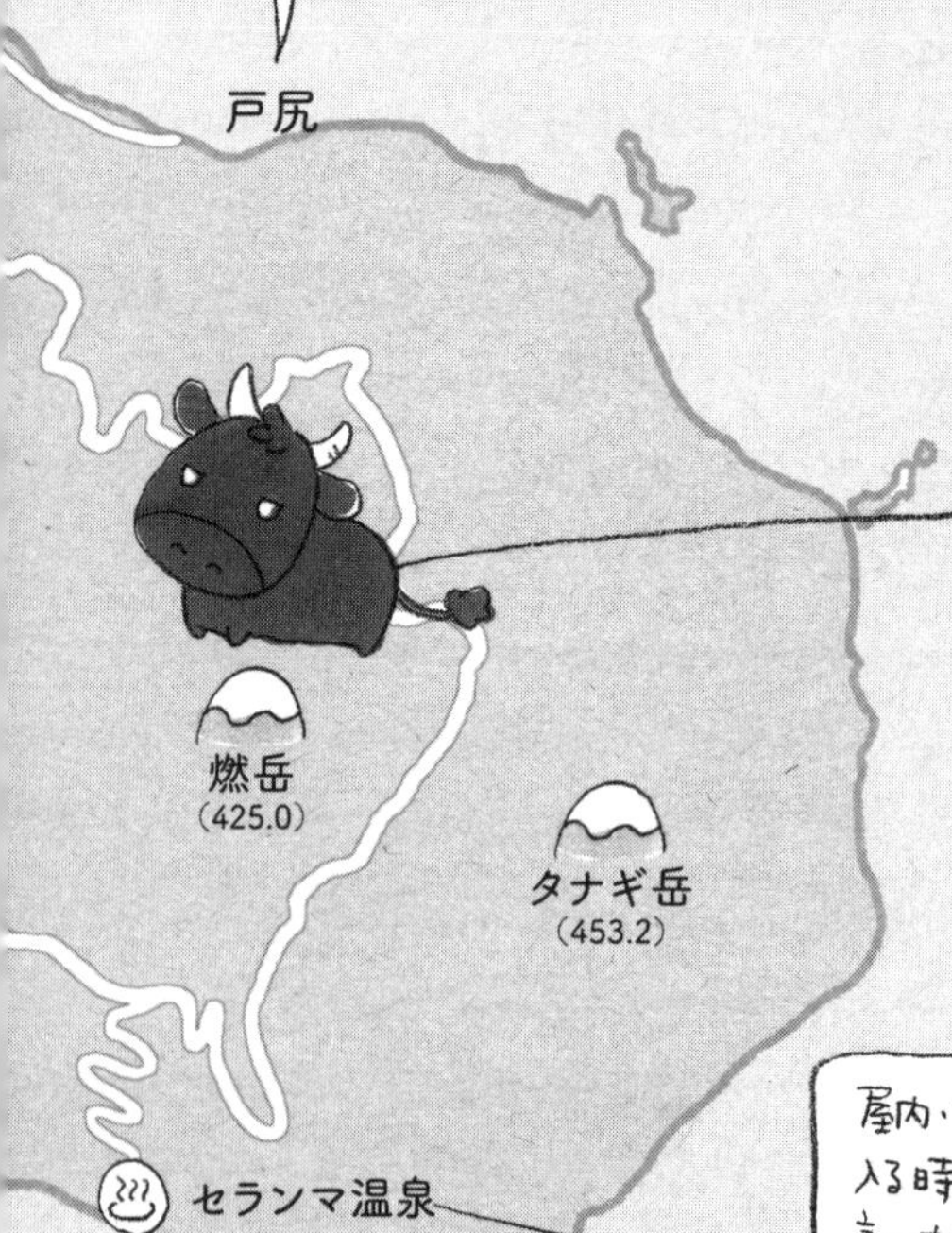

戸尻
燃岳
(425.0)
タナギ岳
(453.2)
セランマ温泉

ココで 岩場に 座って ボーッと海を 眺めるのが 好き♡
赤瀬
七島正月（トカラ独特の正月行事）の時、トカラ全島から すべてのご先祖さまが ココに集まってから 甑島《こしきじま》（鹿児島県）へ 帰って行くと 言われています。
セリ岬
北緯30度線モニュメント
北緯30度線
戦時中の兵舎跡等もあるよ
フリイ岳
（235.0）
フリイ岳展望台
遊歩道
天然リーフを掘って つくった天然プールあり
屋久島が めっちゃ キレイに見える場所♡
平瀬海水浴場
昔、棚田だった景色も 緑の階段のように ステキに見えます～
西之浜漁港
向岳
（159.0）
前之浜
口之島出張所
＜乗船券発売所＞
八幡神社
口之島集落
ヘリポート
タモトユリ
口之島固有種。
カサブランカの元種でもあるそう。
6月下旬～7月初旬が見頃。
平家の落人が 種を着物の
袂《たもと》に入れて、この島に
まいたから 付いた名 だと
いう いわれも。
ホトケビラ岳
（293.0）
タモト百合展望台
前岳
（628.3）
烏帽子岳
（233.5）
タモト百合群生地
横岳
（501.0）

口之島
集落エリア
民宿 くろしおの宿
至 フリイ岳
至 海岸集落
村立口之島
小・中学校
コインランドリー
くちっこ園
（保育園）
消防車車庫
口之島出張所
（乗車券販売所）
さとの湯
温泉
里の川（コウ）
みんなが涼む水場。カワニナ（淡水にいる貝）、エビ、ウナギなんかもいるらしい…！
海岸
集落エリア
至 平瀬海水浴場
至 海岸集落
民宿 ふじ荘
民宿 はまゆう荘
口之島販売所
口之島
診療所
口之島
郵便局
夕日スポット
海に沈む夕日が拝める♡
民宿 なかむら
松元荘
至 口之島集落
至 セランマ温泉
口之島
ダイビングサービス
この広場では、8月のお盆の時に狂言と盆踊りが行われます。（P.43）
食材、お菓子、アルコール類それなりにありますよ。
焼酎の「トカラ海峡」はココでのみ販売してるよ
トカラ海峡
至 西之浜漁港

※1:「ななしま」という高速艇がある。主に医師などの移動用に使用される。観光用にチャーターも可能。

サンタさんとラピュタの道

鹿児島港から「フェリーとしま」に乗船し、一番はじめに着く島が、トカラ列島最北端の口之島《くちのしま》。その北側約70キロメートル先には、世界遺産登録後パワースポットブームと山登りブームも相まって、島中が観光客と移住者で賑わう屋久島がある。うっすらと雲がかかっていて、ぼやけているものの、宮之浦岳をはじめとする屋久島の山々の全景を口之島から見るコトができる。かつて、屋久島から口之島へ高速艇を走らせ、観光客にトカラ列島へも足を延ばしてもらおうというプロジェクトがあったらしい。が、結局、叶うコトはなく、トカラ列島への足はフェリーとしま一択のままだ。※1

ところで、私はけっこうな方向音痴である。中学の修学旅行でグループ行動のとき、「絶対にこっちで合ってる!」とグループメンバーを180度違う方向に誘導してしまったマヌケな過去をもつ。地図を見ながら堂々と。しかも、そういうコトが何度もある。なので、看板があろうがなかろうが、特に道端で人に出会う率の低い島（つまり、人口が少ない島）では、人を見かけたら念のため道を確認するようにしている。

「『フリィ展望台』へは、こっちの道であってますか〜?」

消防車車庫前の分かれ道。2人の男性がなにやら作業をしている。ちょっぴりふくよかな体格で白髪混じりの髭のおっちゃんが、ぱぁぁぁっとサンタクロースのようなにこやかな笑顔で答えてくれた。

「この道を、ず〜っと歩いて行くと『フリィ展望台入口』って看板があるから!」

サンタのおっちゃんは、さらに言葉を続けた。

「観光? おっちゃんの家、このすぐ上だから、夜、呑みにおいで〜」

ヒョイと乗っかりたい嬉しいお誘い! が、宿の人とも話したいし……悶々。「行けたら行きます〜」と、自分でもあまり使いたくない曖昧な返事をしてしまった。

さてその後、言われた通り、道なりにズンズン歩く。地図ではすぐっぽいフリィ展望台だが、意外と遠い。〝入口〟という看板がいっこうに出て来ない。左手には崖崩れ防止用の壁。ところどころ隙間から草が顔を出している。右手には大海。水平線上に想像よりも大きく屋久島が見える。屋久島へ向かうフェリーからも、隣の口永《くちのえ》良《ら》部《ぶ》島《じま》からも屋久島の全景はあまり拝めないので、ココはなかなかの屋久島ビュースポットかもしれない。足元にはオカヤドカリが私の足

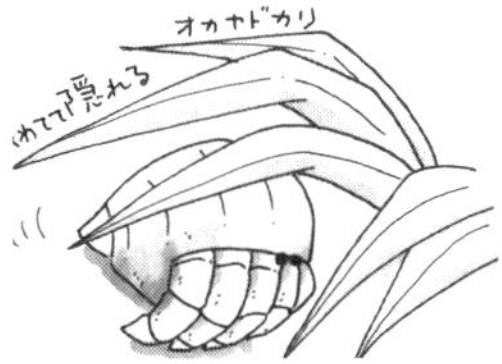

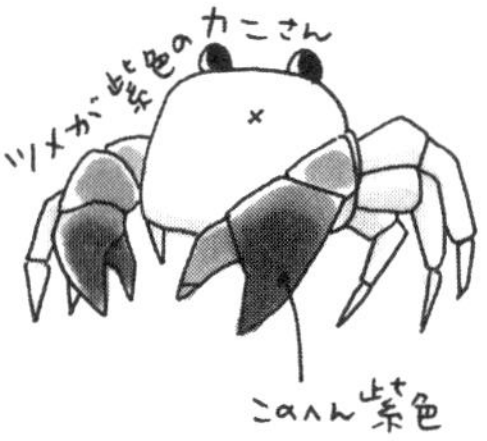

音に気付き、草むらへダッシュ！ そしていそいそと殻の中に身を潜め縮こまる。同じく、足音に反応して、〝だるまさんが転んだ〟よろしくフリーズしている紫色の爪をしたカニもいた。今度は、背後からカサッと音がした。ドキッとして振り向くと、岩の向こうの草むらに放牧中の牛が一頭、ひたすらごはん（つまり、草）をほうばっている。人間がいようがいまいが、お構いなしだ。

再び、海風が吹いてくる方にくるりと向き直す。今、歩いている道と海の間にも草で埋めつくされた緑が広がる。少しカーブした場所から眺めると、そこは棚田の跡だった。今はもう使われておらず、雑草が伸び放題になっているものの、緩やかにくねる段々のあぜ道が見える。海を臨む棚田跡。そんな場所が口之島にはいくつか見受けられる。棚田が現役時代、初夏には田んぼの水に青い空が映りこみキラキラと眩しく、秋には黄金色の稲穂が潮風にあたって揺らめいていたんだろうなぁ。その頃にも来てみたかったと、叶わないコトを思ってみたり…。

やっとこさ、「フリィ展望台入口」の看板が現れた。と、後ろから1台の軽トラがやって来て、私の横で止まった。

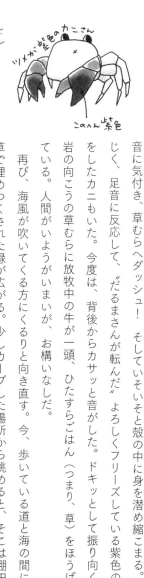

「展望台の階段まで、まだあるから乗りな〜」

さっきのサンタのおっちゃんだ。この先の牧場にでも用があって、そのついでだろうか？ ちょっぴり疲れていたので、ありがたく乗せていただく。軽トラに揺られるコト2〜3分ほど。どん突きに展望台へ続く長い階段が現れた。

「暑いから、コレ！」

そう言うと、サンタのおっちゃんは私の手にひんやりしたモノを持たせた。「パピコ」のチョココーヒー味だ。ついさっきまで、おっちゃんの自宅の冷凍庫でキンキンに冷えていたであろう夏の癒し。まだまだ残暑厳しい9月。火照ったほっぺに当てると、冷やっこさがピリピリキーンと全身に伝わって、たまらない。パピコを手渡すと、サンタスマイルでおっちゃんはUターンして帰って行った。もしや、暑いからと、パピコを渡すために来てくれたのだろうか？　本当に夏のサンタさんのようだ。ありがたし！

さて、展望台に続くこの階段。天国へ続く階段のように、これまた長いっ！　途中まで両サイドを草で覆われ、風も当たらない。蒸し蒸しと半サウナ状態。虫除けに羽織っていたカーディガンが汗でペッタリ肌にくっつく。「あ〜！もう！しんどい〜！」。誰もいないのをいいコトに、何度も叫んでしまった（汗）。しばらくして、両サイドの草がはけ、尾根道のような場所に出た。タラタラと流れる汗に風が当たり、涼しく感じる。冷えピタ代わりのパピコも肌に気持ちいい。

こんなサンタスマイル!!
（お顔ウロ覚えです。）
PaPiCo
チョココーヒー

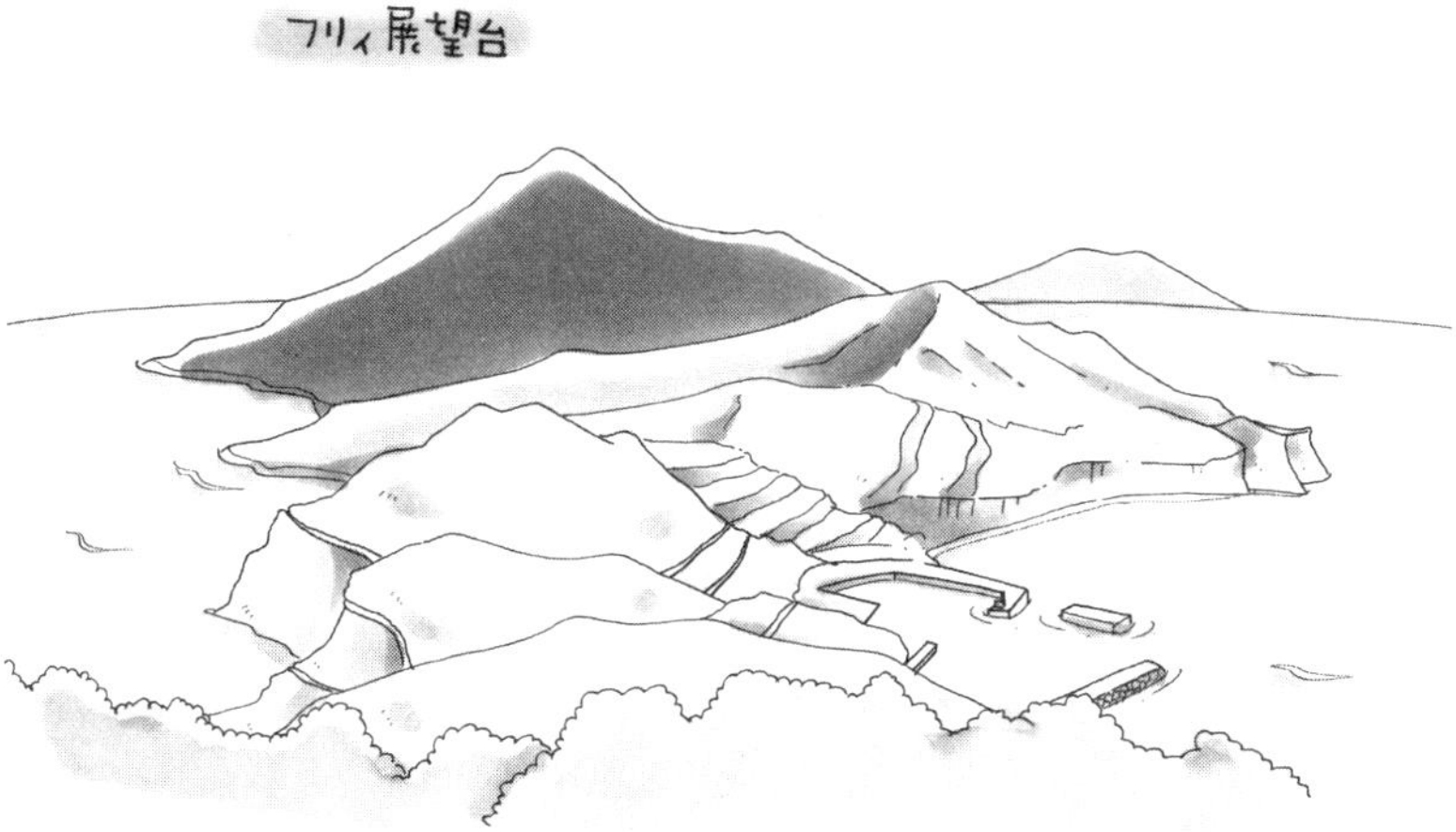

ふいっと登って来た方を振り向くと、青々とした緑のじゅうたんの中に、歩いて来た白く細いコンクリートの道が見える。そのまわりを取り囲むように、深く青いトカラブルーの海が360度広がる。雲海こそないものの、ココも全国各地にいくつかあるらしい「ラピュタの道」の仲間入りをしてもいいんじゃないかと思う。口之島が断崖絶壁の島であるコトは他のトカラの島々と同じ。けど、なぜだろう。口之島は緑がとても穏やかに感じる。パピコをいただいたコトにジ〜ンときていたからだろうか？　展望台からラピュタの道のような景色を眺めながらパピコを食べる。火照った身体にピタピタ当てて冷やしつつ登って来たおかげで、すでにほとんど溶けてしまってチョココーヒージュースと化していたけれど。

この場所は、かつて第2次世界大戦中、日本

※2：沖縄本島の北西にある伊江島の城山（ぐすくやま）のこと。タッチューとは沖縄の方言で「尖ったもの」の意。

海軍の監視塔になっていたトコロでもある。今も監視塔跡や防空壕跡が展望台に向かう途中に残っている。沖縄の伊江島《いえしま》の「タッチュー」※2もそうだった。麦わら帽子型の伊江島。その凸部分であるタッチューからは、島中どころか360度四方八方見渡せる。一日中、そこにいてもいいくらい清々しい私のお気に入りの場所。そこもかつては日本軍の要塞だった。見晴らしが良くて最高に気持ちがいい島の絶景ポイントは、時代が変わればまったく違う場所になってしまう。ずっと「展望台」であればいいなぁと、パピコの最後の一口を飲み干した。

　そうそう。サンタのおっちゃんが「呑みにおいで」と言ってくれていた件。いつもならこういう場合、喜び勇んでお邪魔するのだけれど、この時は行かなかった。宿で夕食後に女将さんや工事で来ていた人としゃべっていて、タイミングをすっかり逃してしまったのだ。とってもとっても悔やまれる。「サンタのおっちゃ

漁師さんがエビ網を直してました。
この年のイセエビ漁は9月上旬頃から春頃までだそう。

※3：太平洋戦争末期の昭和20〜25年まで、アメリカ軍が沖縄占領時に設立した軍政機構。

ん、今度、口之島に行く時はぜひ、お邪魔させてください〜」と、ココで言ってみるのだった。

不思議な線・北緯30度

私は、お恥ずかしながらトカラ列島に行くようになるまで、まったく知らなかったのだ。終戦後、米国軍政府※3統治下に置かれたのが口之島を通る〝北緯30度線以南〟だったというコトを。

港から集落に向かう坂を上がらずに、北へ向かう道を海岸線沿いにずっと辿って行く。口之島の北端「セリ岬」がもうすぐという辺り。コンクリートの道の上にふいに現れる赤い線。赤レンガ2列が幅約150センチほどの道を横断するように埋められている。ココ

※4:日本に返還されたのは
十島村→昭和27(1952)年2月10日
奄美群島→昭和28(1953)年12月25日
沖縄→昭和47(1972)年5月15日
(小笠原諸島は昭和43(1968)年6月26日)

が北緯30度線。線のあっちとこっちで、何が違うわけでもなく同じ植物、同じ景色が途切れるコトなく続いている。終戦後の昭和21年2月2日。この日を境に30度線から北が日本、南側が米国軍政府の統治下となり、自由に行き来ができなくなった(二・二宣言)※4。人の往来も、モノの売買もだ。足元の北緯30度線をまたいでみる。南から北へ。そして、回れ右をして、北から南へと、また、またいでみる。私は陸続きで国境越えをしたコトがない。だからなのか、この感覚が不思議でならない。たった一歩なのに、目の前にあるのに自由に行けない時があったなんて。

集落への帰り道。坂道の途中、バナナ林の向こうに「西之浜」の港を見渡せる場所がある。そこが夕日スポットだと聞いていた。旅先で夕日を眺めるコトが日課の私は、そこでしばし日の入りを待つコトに。人はもちろん、車もほとんど通らないメイン通りで、一人呆けていると、1台の原付が停まった。

「昔はこの沖に船がいっぱい来て、密貿易でそりゃ賑わってたんだよ」

水平線に沈む体制に入ったお日さまと、その下に広がる七島灘の海を眺めながら、そう言うとブロロロッとエンジン音を立て、おじさんは集落の方へと去って行った。米国軍政府の統治時代、境目となるこの口之島の沖合いには、沖縄、奄美、鹿児島、はたまた台湾などからたくさんの船が集まり、島々の人たちは黒糖等を売り、内地からの生活用品と交換したそうだ。もちろん、米国軍政府や警察(日本人)に見つかったら捕まってしまうのである。それも、私は不思議で仕方ない。島の人たちの日常に関係のない人たちが、島人に意見も聞かず勝手に決めたコトなのに、被害をこうむるのは島の人たちの日常なのだから。今はすっかり静かな口之島沖合。これからも、静かなままでありますように。

DATA

さねんばな

住所：鹿児島県奄美市名瀬入舟町93
TEL:0097-54-3875
営：8:30-20:00
休：水曜

2000年4月から2018年3月までの18年間運航した「フェリーとしま」にかわり、2018年4月から就航した「フェリーとしま2」☆トカラ列島の島人たちの大切な足でもあり、欠かせない日常でもあるんです。荷役は主に男性陣の仕事。他の仕事中であっても、荷役は最優先！船上から各島の手際の良い荷役作業を眺めているだけでもわくわくします♡

お別れシーン

学校の先生たちが島から去る時、船内に♪蛍の光♪が流れるというステキ演出あり✧

「フェリーとしま2」になってサイドデッキスペースが縮小されたためか、紙テープではなく、**カラー軍手とミニ旗**でお別れする形に変わってた

レストラン＆売店
レストランには、いつも誰かしらいるので、島人や島へ仕事に行く人たちとお話できるコトもあるよ。(持ち込みOKッ) 座敷スペースもありッ!!
授乳室
個室になっていて、ソファーもあり、お湯も沸かせる! 子育て世代にはとっても便利ッ
更衣室やコインシャワーもあるよーッ
村章
アイスクリーム
島内に商店がない島では、島外に出かける人が船内の自動販売機で買ったアイスをサイドデッキから投げて渡すというシーンも。
ほらよっ
お父さんありがとー
アイス
アイスミルク

※フェリーの乗り方はP143参照。

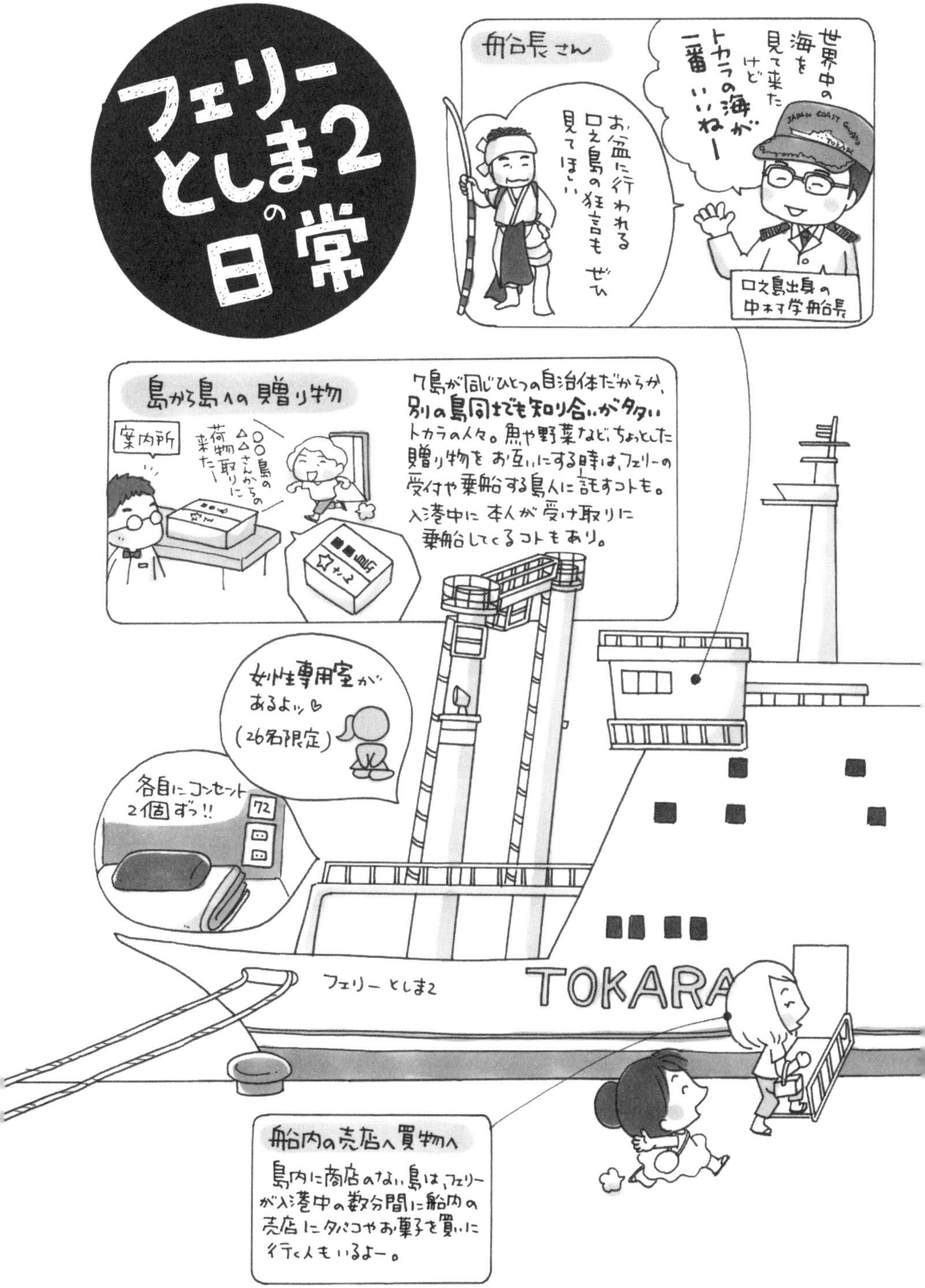

フェリーとしま2の日常
船長さん
世界中の海を見て来たけどトカラの海が一番いいねー
お盆に行われる口之島の狂言もぜひ見てほしい
口之島出身の中村学船長
島から島への贈り物
7島が同じひとつの自治体だからか、別の島同士でも知り合いが多い
トカラの人々。魚や野菜などちょっとした贈り物をお互いにする時は、フェリーの受付や乗船する島人に託すコトも。
入港中に本人が受け取りに乗船してくるコトもあり。
案内所
○○島の△△さんからの荷物取りに来たー
女性専用室があるよッ♡
(26名限定)
各自にコンセント2個ずつ!!
72
フェリーとしま2
TOKARA
船内の売店へ買物へ
島内に商店のない島は、フェリーが入港中の数分間に船内の売店にタバコやお菓子を買いに行く人もいるよー。

2
中之島
nakanoshima

トカラ富士がそびえる
トカラの中心島

DATE

面積	34.47㎢
周囲	31.80km
最高点	979.0m
人口	166人（H29年5月現在）

七島《しちとう》イ

トカラで作られていたイ草のコト。
昔は御池の周りで栽培されていたとか。

香川に工房がある「七島草履の達麻工房」さんが
七島イで草履を作られているよー。
（トカラ産の七島イではないけれど）

中之島は
鹿児島県内でも
屋久島についで
川が多い島で
水が豊かな島♡
七ツ山海岸
先割岳
(524.0)
ジンニョム岳
(473.0)
ヤルセ灯台

Eco Farm Windy

牧場でヤギを育てて、ヤギミルクやチーズを
作ろうとしているのだとか!?
高尾地区に牧場があるよ。
商品化になるのが、今から楽しみー♡

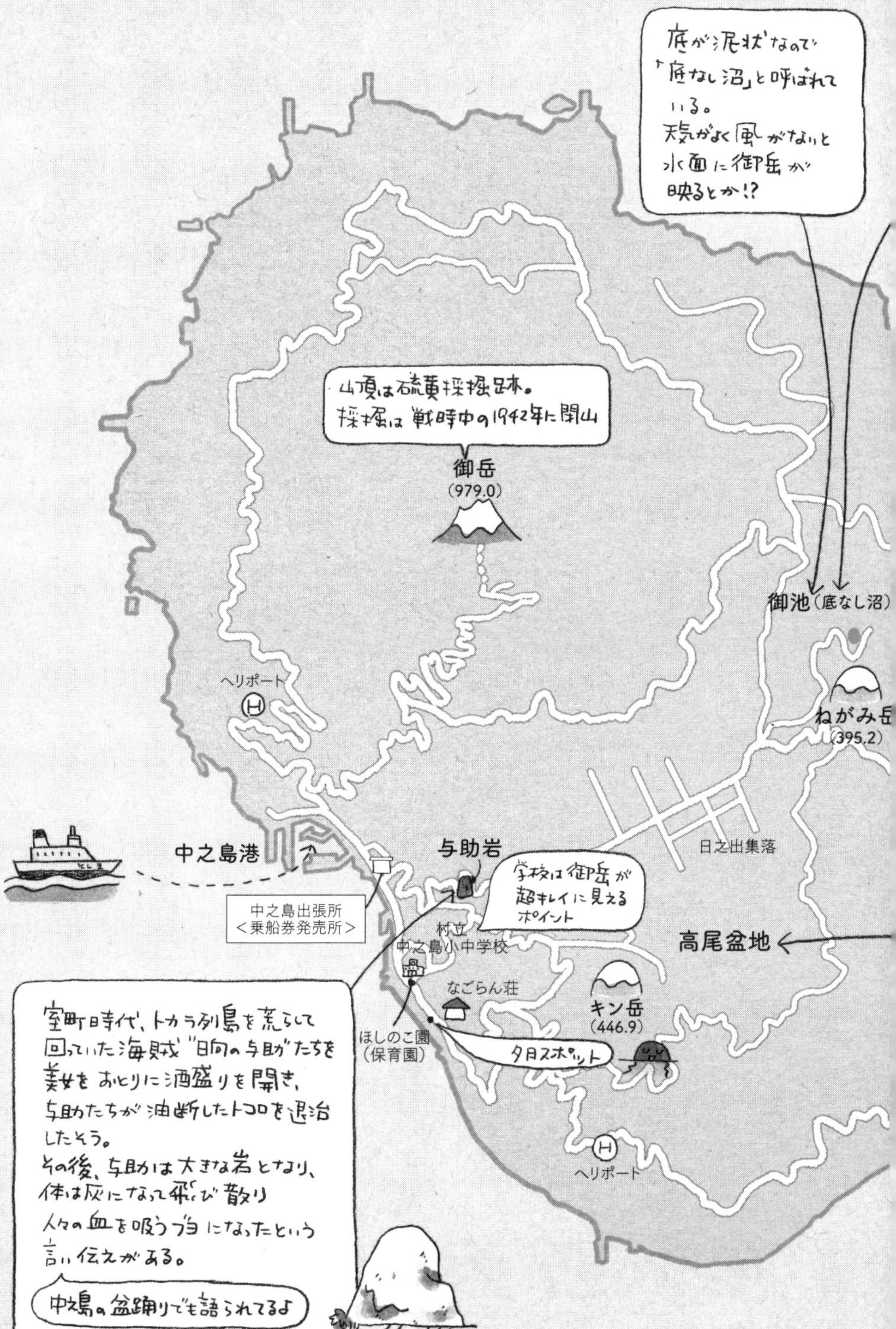

底が泥状なので「底なし沼」と呼ばれている。天気がよく風がないと水面に御岳が映るとか!?
山頂は硫黄採掘跡。採掘は戦時中の1942年に閉山
御岳
(979.0)
御池（底なし沼）
ねがみ岳
(395.2)
ヘリポート
中之島港
与助岩
学校は御岳が超キレイに見えるポイント
日之出集落
中之島出張所
＜乗船券発売所＞
村立
中之島小中学校
高尾盆地
なごらん荘
キン岳
(446.9)
ほしのこ園
（保育園）
夕日スポット
ヘリポート
室町時代、トカラ列島を荒らして回っていた海賊"日向の与助"たちを美女をおとりに酒盛りを開き、与助たちが油断したトコロを退治したそう。その後、与助は大きな岩となり、体は灰になって飛び散り人々の血を吸うブヨになったという言い伝えがある。
中之島の盆踊りでも語られてるよ

中之島 高尾地区エリア
中之島 西地区エリア
某会社の敷地内にある温泉。一般は入れない。…が!! 西&東の温泉が台風で壊れていた時に開放されていたコトが!! …しかし、ブヨがいそうな気がして入れなかった私。
むっちゃ心残り
トカラの貴重な民俗行事の映像も見られたり、民俗好きには、たまりません♡ ボゼのレプリカもあるよー。(要予約)
九州最大級のカセグレン式60cm反射望遠鏡を備えた天文台。(要予約)
至 ヤルセ灯台
中之島天文台
十島村歴史民俗資料館
海游倶楽部
至 中之島西地区
十島開発総合センター
トカラ馬放牧場
レンタサイクル ¥2000/日
レンタバイク ¥2500/日
中之島出張所で聞いてね!
トカラ馬は、1897(明治30)年頃に奄美群島の喜界島から運ばれて来たそう。
24時間入浴OK。(そうじ時間はNG) 入浴料はお気持ちでとのコト。トカラの他の島の温泉と同じ額を入れたよー。
至 中之島港
天泊温泉
西区温泉
西区住民生活センター
自動販売機
中之島商店
飲み物、お菓子、調味料や乾物系が少しある感じ。品揃え少なめ
中之島荘
巨大ガジュマル
川沿いで木もれ日がキラキラと気持ちいい。でも、水辺なのでブヨには注意!!
宮川
境内裏の散策路(?)、ビロウがいっぱい! 鳥の鳴き声もいっぱい! 朝さんぽにオススメ
地主神社
至 高尾地区
中之島出張所(乗船券発売所)
くつろぎの郷(介護施設)
東西は、この宮川が境になります
西区は平家の落人の流れをくむ人たち。東区は、明治以降に、奄美から移住してきた人たち
中之島駐在所
トカラでおまわりさんがいるのは、中之島だけ!
中之島診療所
中之島郵便局
自動販売機
大喜旅館
一応、医師常駐となっていますが、他の島の診療に行っていていない時もあります。(鹿児島市と奄美市内から2人の医師が、変わりばんこに来る形)
東区温泉
至 小中学校
24時間入浴OK (16:30~18:30は地元の人優先)。入浴料は"お気持ち"とのコト。西区温泉と同じく私は、トカラの他の島の温泉と同じ額を入れたよ。

南の国の北海道

鹿児島と沖縄の間にある薩南《さつなん》諸島。黒潮ど真ん中。断崖絶壁の火山列島。まさかそんなトコロで北海道の景色に出会うとは、想像だにしなかった。島に降り立つまでは。

中之島《なかのしま》は、トカラ列島の中でも一番大きく人口も最も多い（と、言っても160人ほど）。集落の背後にはトカラ列島最高峰（979メートル）の御岳・通称トカラ富士がそびえる。緑のグラデーションに覆われ、天に向かってスラッと立つイケメンさん。つい見惚れてしまう。そのふもとに広がるのは「日の出集落」（通称、高尾）。島内にある3つの集落のうち一番新しく開拓された。港の集落から木々に囲まれた急なくねくね坂を、汗をかきかきひたすら歩くコト約40分。

※1：現在は中之島の他に、宝島と奄美大島に一頭ずついる。

突如、目の前が開け、パーンッと青い空が現れる。左手には凛々しいトカラ富士。右手には青々とした深緑がまぶしい牧場。真ん中にはどこまでも続くかのように先が見えないまっすぐなコンクリートの道路。車なんて、全然通ってないけれど（たま〜に通る）。

その先の平野には、トカラの特産〝島らっきょ〟などの広〜い畑が続く。よく似た景色に記憶がある。北海道の富良野だ。空に向かって大の字で寝転んでいるような広大な大地。自分の気持ちもフルオープンにしてくれるようで、思わず駆け出したくなる。

ところで、牧場には牛……ではなく、背丈がやや低い馬が20頭近く放牧されている。みな馬にしては短めの首を垂れ、「生きるとは食べるコトだ」と言わんばかり、一心不乱にお食事中だ。10月と言えども、炎天下。暑い中、お疲れさまである。彼らは「トカラ馬」といって、日本在来種の馬。元は奄美群島の喜界島《きかいじま》にいた馬である。[※1] 牧場には馬小屋なるものは一切ない。ほぼ毎回、台風の通り道となるこのトカラで常時吹きっさらし！　雨や風の日は、作業小屋の後ろでみんな身を寄せ合って微動だにしない。さすがは絶海の孤島の在来種。そんなヤワにはできていないのである。

※2：ちょっと遠出予定で昼に帰宿するのが面倒な日は、あらかじめ宿にお弁当をお願いするコトもある。

絶海の孤島に浮かぶトカラ富士

牧場から眺めるトカラ富士は、平野の上にさわやかに顔を出し、風に当たって心地よさげだ。まだまだお元気に活動中のようで、頭のてっぺんからチラチラユラユラと白い噴煙が見え隠れする。ここからの眺めが私は大好きだ。何度見ても、心がウキウキとスキップを踏み出す。ふもとから見るだけでこんなにトキメクのだから、山頂のすばらしさたるや、きっと、卒倒するんじゃなかろうか？

晴れた日の午後、宿で昼食をすませ、トカラ富士のてっぺんに向かうコトに。そうそう、トカラ列島で一番大きく人口の多い中之島でさえ、外食する店など皆無。もちろん昼食は宿でいただく。※2

さて、トカラ富士登山。島だから海抜ゼロメートルから登るコトができる。ただ、ほとんどコンクリートの道を海抜ゼロ地点から車で登って行けてしまう。気軽すぎる。登山口の前にＴＶの鉄塔があり、そのメンテナンス用に造られた道のようだ。が、観光客にはとんだ拍子抜け。なんて攻略簡単なイケメンさんなんだ⁉　ところがどっこい！　最後の一歩が難易度高かった！　見た目には楽々なのだ。人工的に造られた木の階段を延々上るだけ。だが、その角度がこれまた急！　しかも、両サイドの草は人の背丈ほどに伸びまくり、周りが何も見えない。風も遮られる。全身から汗がダラダラと止まらない。

……ふわっ‼　バタバタバタッ‼

突然の横風に髪も服も一斉に激しく踊り出す。高尾（日の出集落）に辿り着いた時と同じく、いや、それ以上に果てしない空が頭上に広がった。足元には大きな白い火口跡。ところどころから白い煙がフツフツと上っては消えて、消えてはまた生まれ出る。火口周りには遠目から肉眼で確認できる植物はほぼない。一面が銀世界（一般に言う銀世界と温度は違いすぎるけれど）。その向こうには３６０度見渡す限り、深く青いトカラブルーの海、海、海！　前方には隣の悪石《あくせき》島《じま》が見える。少々ガスがあるせいか、他の島々を見るコトはできなかった。人工物のかけらも視界に入らない。海上を行き交う船もない。天から地球を眺める神様のような気分だ。コンクリートの道からたったの30分で私は天上界に来てしまった。本当に何もない。トカラ列島に初めてやって来た人は、なんでまたこの場所を選んだのだろう？　当時の人たちの半端ないチャレンジャー精神に、ただただ尊敬である。

火口には下りず（正確には下りていいのかわからなかったので）、尾根を10分ほどウロウロ。止むことを知らない横風に頬がそろそろ冷えてきた。もう少し眺めていたい気持ちを山頂に残しつつ、30分かけて上って来た階段をものの10分ほどで下る。あっと言う間にコンクリートの現実世界に戻ってきてしまったのだった。

温泉は集落の宝

じつは中之島では「心して挑まねば」と、私なりに思っていたコトがある。それは火山の恵みである温泉。トカラ列島には各島に必ず温泉がある。それぞれ利用時間や曜日が決められているが、ここ中之島にある2つの温泉は24時間３６５日入り放題！　港近くの「西集落」に一つ、その先の海岸沿いにある「東集落」に一つ。それぞれ白をベースにした小さな建物がメイン道路からさらに

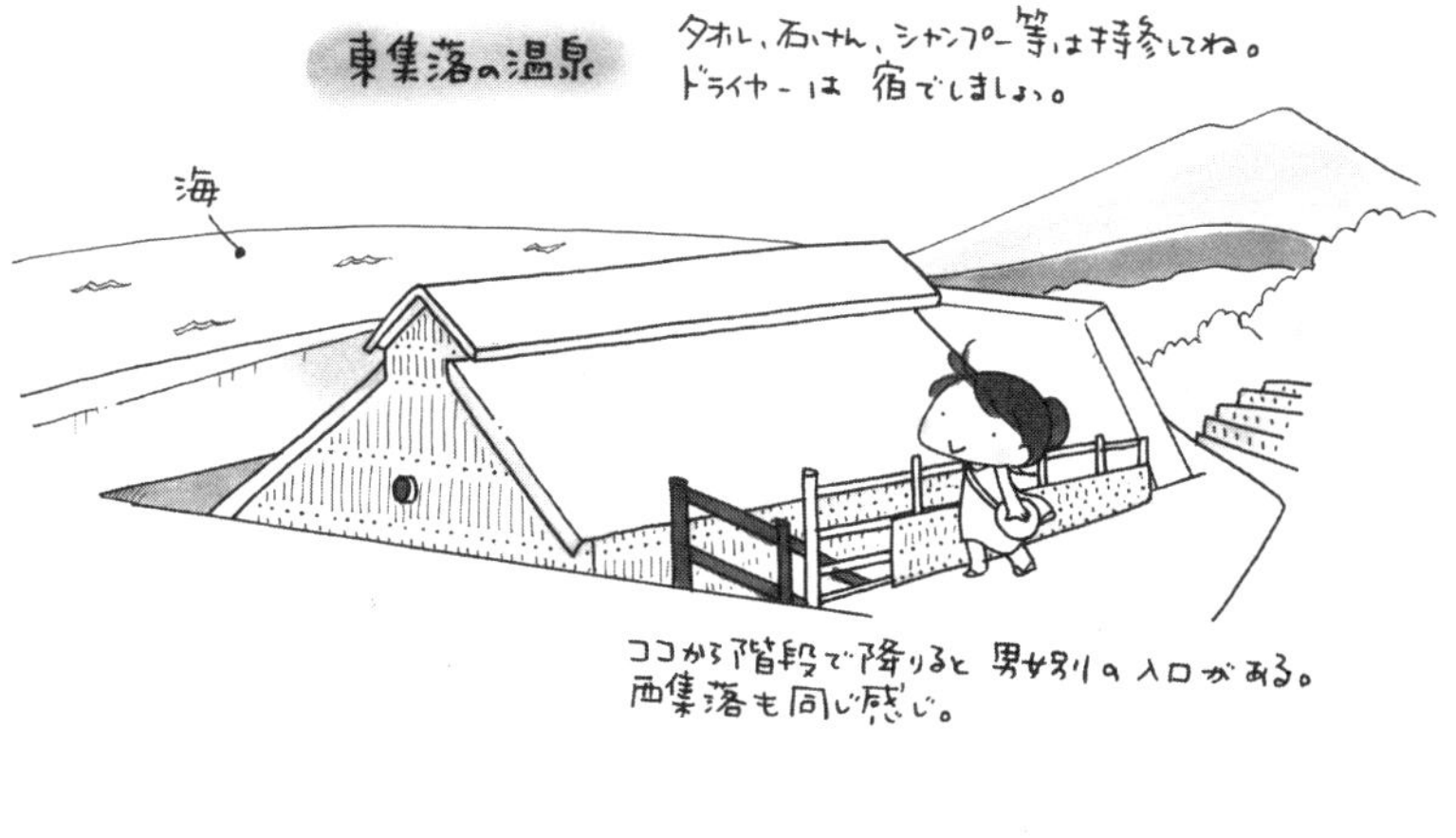
東集落の温泉
タオル、石けん、シャンプー等は持参してね。
ドライヤーは宿でしましょう。
海
ココから階段で降りると男女別の入口がある。
西集落も同じ感じ。

※3：島民のための共同浴場なので、入浴料は“お心づけ”。参考までに他の島は、入浴料200円が多い。

階段を下りた海岸にある。無人の共同浴場だ。[※3]

「ごはんの前に温泉どうぞ〜」

夕方、宿の人から声がかかる。この日、泊まっていた東集落の「大喜旅館」（59Ｐ）内に風呂はなく、宿泊客はてくてく歩いて海岸の温泉に入りに行く。温泉が自宅の風呂代わりという島人も多い。ただし、東集落の人が西集落の温泉に入るコトは決してない。その逆も然り。これが「心して…」と思っていた件だ。「観光客は気にしなくて大丈夫」と島人に言われたが、そうもいかない。「もし、自分がココに住んだら？」という気持ちで旅をする私にとって、こういうイザコザはどうしても気になってしまう（自分が田舎育ちだから気になるのかも）。

話は終戦の頃にさかのぼる。当時、奄美大島は人であふれ、次の移住地としてトカラ列島の開拓が始まった。その時、奄美からやって来たのが今の東集落の人々だ。だが、島にはすでに先住民（今の西集落の人々）が居たため、激しく対立したのだそう。開拓もなかなか進まず。その頃の険悪な関係がその後も尾を引いているのだという。

いち観光客が数日島を歩いたぐらいでは、そんなゴタゴタな空気を島内で感じるコトはなかった。と言うよりも、通りで人に出会うコトが稀だった。温泉も東側では誰にも会わず、西ではＩターンの人に会ったもののイマイチ話が弾まずで、空気を感じるコトも現在の状況を知るコトもできなかった。それでもやっぱり、西集落の温泉へは、イザコザと関係のない高尾にある宿に泊まった時に入りに行ったのである。風呂は男女別になっており、中に入ると脱衣所と浴場の間には壁がない。白濁した硫黄泉。イザコザ話とは裏腹に、風呂上がりのお肌はさっぱりツルツル、ホッカホカで幸せいっぱいなのだった。

その2年後、両温泉は大型台風による波で建物丸ごと流されるコトになる。海岸沿いの家々も家ごと波を被ったそう（想像するだけでも恐ろしい！）。私は、偶然にもその台風直撃の1週間後に島にいた。両温泉は屋根も壁もなく、屋根代わりにブルーシートで覆われていた。残っていたのは、柱と湯船だけ。台風がやって来たコトなど素知らぬ顔で、以前と変わらず、湯船にはフツフツと白いお湯が沸いている。西集落の温泉の前でおじさん2人がブロックを積んでいたので何気なく声をかけた。

「工事の方ですか？」

「本土の業者なんか待ってたら遅い。温泉は集落の宝。自分たち自身で直す」

目を合わすコトなく、ボソッと答えが返ってきた。その人は島人だった。表情が厳しい。一瞬にして、聞いた自分がとてつもなく恥ずかしくなった。週2便のフェリーしか足がないトカラで、業者を待っていたら何日も過ぎてしまう。自分たちのコトは自分たちでやる。それが島人のポリシーであり、離島に住む人々の性なのかもしれない。この被害はTVやネットのニュースに取り上げられるコトは、ほとんどなかった。某島のように、寄付金が寄せられるコトもなく。知名度があるのとないのとでは、世の中の対応が違ってくる。なんだか、やるせない。

海游倶楽部

移住者が多い高尾エリアにあるログハウスの宿。オーナー夫妻は、元々ダイビングをしにトカラに通っていて、その後、愛知県から移住。

朝、清々しい空気の中、宿の庭から眺めるトカラ富士は気持ちいいッ!

トカラの宿は、和食系のごはんが多い中、ココは、おしゃれなイタリアン晩ごはんの時もあるッ♡ 奥さんの手づくりパンもッ。パン屋のない島では、とっても貴重ッ☆

絶海の孤島 だからこその… 特別な出逢い

この日は、たまたま、京都大学の地磁気を研究している方々も泊まってました。

夜、そのメンバーによる島の子どもたちへの"宇宙の話 講座"なるモノがあると言うではないですかッ!!

(しかも、この時はボランティアでされていて、参加費無料ッ!!)

宿の庭に、大きな白いバルーンを膨らませ、その球面に映像をあてる。バルーンは、地球になったり、土星になったり、地層になったり…。

様々な星のコト、宇宙のしくみ等を、子どもにもわかりやすい言葉で説明してくださるので、理系が苦手な私でも超わくわく!!

絶海の孤島だからこそ、調査等に来る専門家がいて、何度も通うので島人との交流が生まれる。内地に住んでたら、子どもたちが専門家の人に気軽に話を聞ける場なんてそうそうない。

秘境だからこその特権!!

※海游倶楽部の詳細はP139参照

カゴの背負い方がそっくり✧
ラオス・タイダム族
背負いカゴ
トカラ列島・宝島

ロマンと旅情とコスタリカ

トカラは昔、焼畑農業を行っていた。粟を収穫した後、畑一面を焼き、その灰を土の栄養に変えるのだ。その農法と使っていた農具が、ラオスの少数民族「タイダム族」のそれとよく似ている。と、「歴史民俗資料館」のパネルに記載されていた。タイダム族が民俗衣装で農作業をしている写真とともに。

思わず写真に被りついた。島巡りと同じくらい少数民族も大好きな私。タイダム族の手刺繍の細やかさとデザインに魅せられ、購入したワンピースはお気に入りの一着でもある。トカラと、タイダム族と、私が、つながった瞬間。誰もいない少し薄暗い照明の中で、一人脳内妄想旅がはじまる。

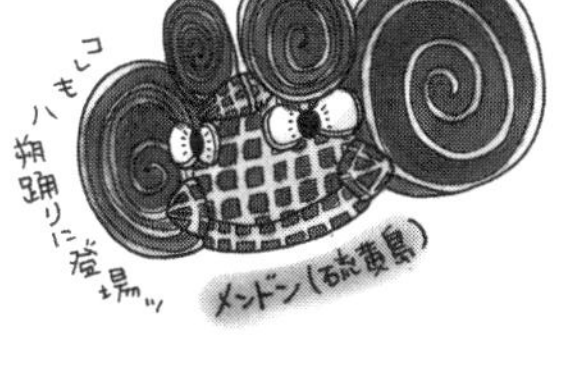
コレもハ朔踊りに登場ッ
メンドン（硫黄島）

ラオスの山奥から大陸づたいに、もしくは、台湾などにも寄りつつ、様々な国のいろんな人たちを経て大海原を渡り、このトカラ列島の小さな島々にラオスの農法が辿り着く。もしくは、その逆のルートかもしれない。ああっ！　これはラオスへもトカラのかけらを探しに行きたい！　旅心がうずきまくって仕方ない。遥か昔の人のように、このままトカラの海から大陸へ渡ってしまいたいほど（そんな夢のような航路は残念ながらない）！　私的なロマンと夢が詰まったこの資料館が、私はたまらなく好きだ。何時間いても飽きるコトがない。トカラ馬などトカラの動植物の説明にはじまり、民俗文化映像研究所による七島正月[※4]や中之島と口之島の盆踊り等の貴重な映像も見放題。ふだん、お目見えするコトのない悪石島の仮面神「ボゼ（12P）」のレプリカ三体（小さめサイズ）も、部屋の真ん中で今にも動き出しそうなポーズをとっている。鹿児島の他の島々の謎な仮面も展示されている。ここが日本ではないような気にさせるお面の数々。まるで、一つの物語の世界に自分が入り込んでしまったよう。

　ところで、この「歴史民俗資料館」の管理は、とある一家に任されている。これがまた、旅情をかき立てられる一家なのだ。なにせ、トカラ初・海外からのIターン。しかも地球の

※4：トカラに伝わる旧12月1日から始まる正月行事のこと。

ほぼ裏側のコスタリカから！　クリクリとした瞳と、ラテンの陽気さ全開なホンジュラス出身のルイス・バネガス・イスラフィスさんと、日本人の奥さんの木綿子《ゆうこ》さん。そして、お父さんに似てクリクリお目々にクルクル天然パーマの小さいお姉ちゃんと弟。

なんでまた、日本の中でも最後の秘境と呼ばれるトカラを選んだのか?!　普通は東京や大阪に移住しそうなものなのに。

「日本に帰国しようと思っていろいろ探していた時に、『トカラ・インターフェイス』の日高さんにスカウトされたの（笑）」

と、あっけらかんと語る木綿子さん。

コスタリカとトカラの太陽で気持ちいいぐらいの小麦色の肌。どこでも生きていけると言わんばかりだ。「トカラ・インターフェイス」とは、鹿児島市内にあるトカラのアンテナショップ「結プラザ」（147P）を運営しているNPO法人だ。トカラの広告塔のような存在でもある。その代表が日高重成さんだ。

とうとう外国人まで連れて来ちゃったよ、日高さん。やわらかく優しい恵比須さんのような笑顔の中にトカラを盛り上げたいと熱く燃え盛る意志がメラメラと見える気がする。

「ナカノシマ、サイコーー！」

クリクリ瞳をさらにキラキラさせて極上スマイルで答えてくれるルイスさん。絶海の孤島の厳しい環境にパッと輝くラテンの太陽のよう。きっと、いろんな意味で島内の潤滑油になるファミリーなんだろうなと勝手に想像してしまう。

「コンドハ、ウマ、ノレルヨ！（今度来る時は、馬に乗れるようにしておくよ）」

ルイスさんが続けざまに話す。彼ら夫妻が担っている「歴史民俗資料館」と「トカラ馬牧場」と「中之島天文台」の管理は3つで1セットの仕事である。だから、3つとも事前予約が必要なのだ。島では、一人が何個も仕事をかけ持つのは至って普通のコト。

その後、海岸の集落内を散歩していたら、目の前を軽トラが横切った。「マタネ！」と助手席から思いっきり手を振ってくれる人がいる。超お日さまスマイルで。ルイスさんだ。軽トラでゴミ収集までもお手伝いしている模様。なんて働き者なのか！　そして、なんという気持ちいいラテンのノリ！　コチラも負けじと笑顔で思いっきり手を振り返す。今度来る時は、このファミリーと島人が、どんな化学反応を起こしているんだろう？　想像するだけで、ふふふっと顔がほころぶ。空を見上げると、青空にそびえるトカラ富士までも、なんだか微笑んでいるように見えたのだった。

※大喜旅館の詳細はP139参照

3 諏訪之瀬島

suwanosejima

大自然が魅力、活火山の島

DATE

面積	27.66㎢
周囲	27.15km
最高点	799.0m
人口	79人（H29年5月現在）

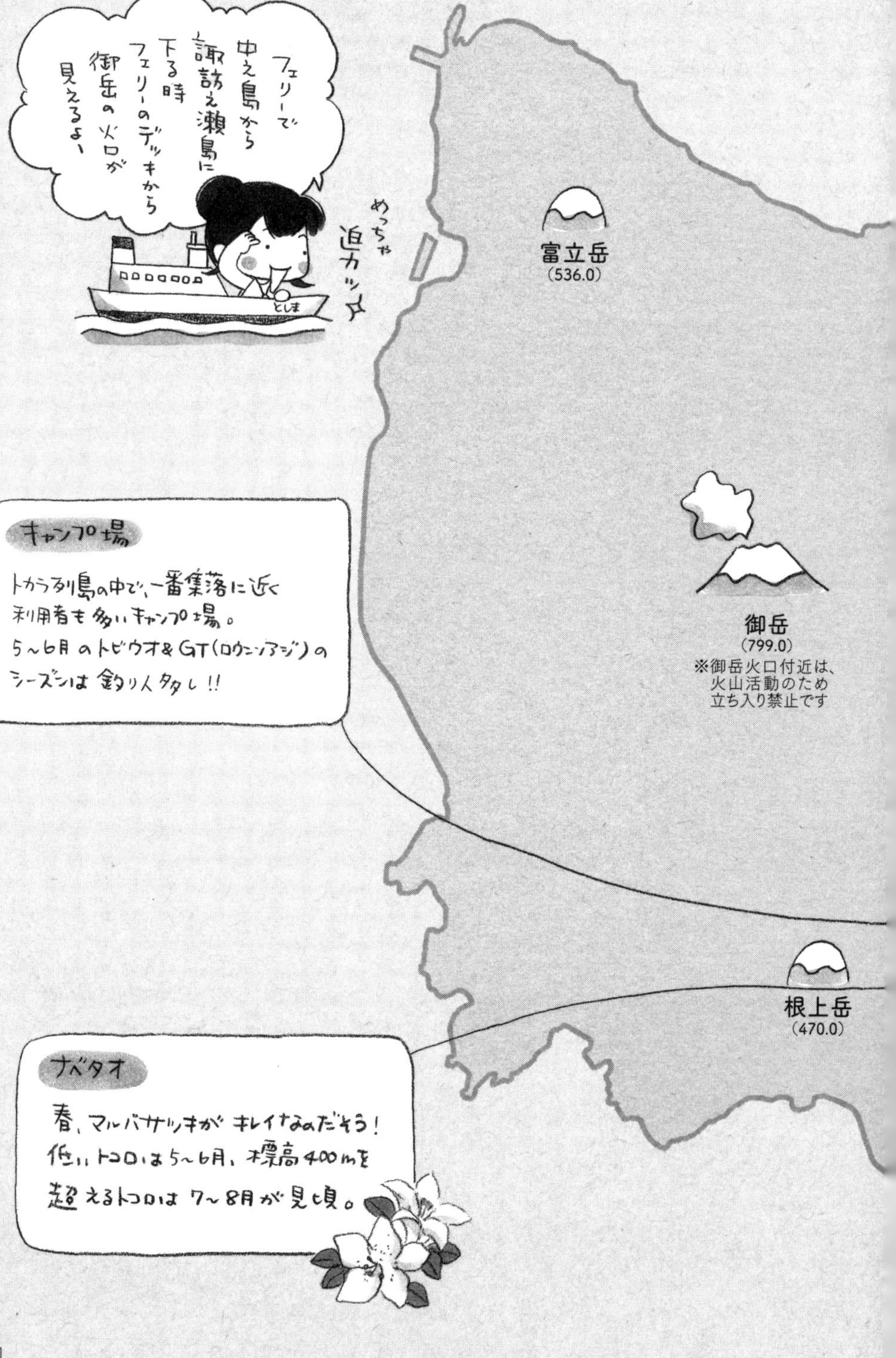

キャンプ場

トカラ列島の中で、一番集落に近く
利用者も多いキャンプ場。
5〜6月のトビウオ&GT(ロウニンアジ)の
シーズンは釣り人多し!!

ナベタオ

春、マルバサツキがキレイなのだそう!
低いトコロは5〜6月、標高400mを
超えるトコロは7〜8月が見頃。

諏訪之瀬島 集落エリア

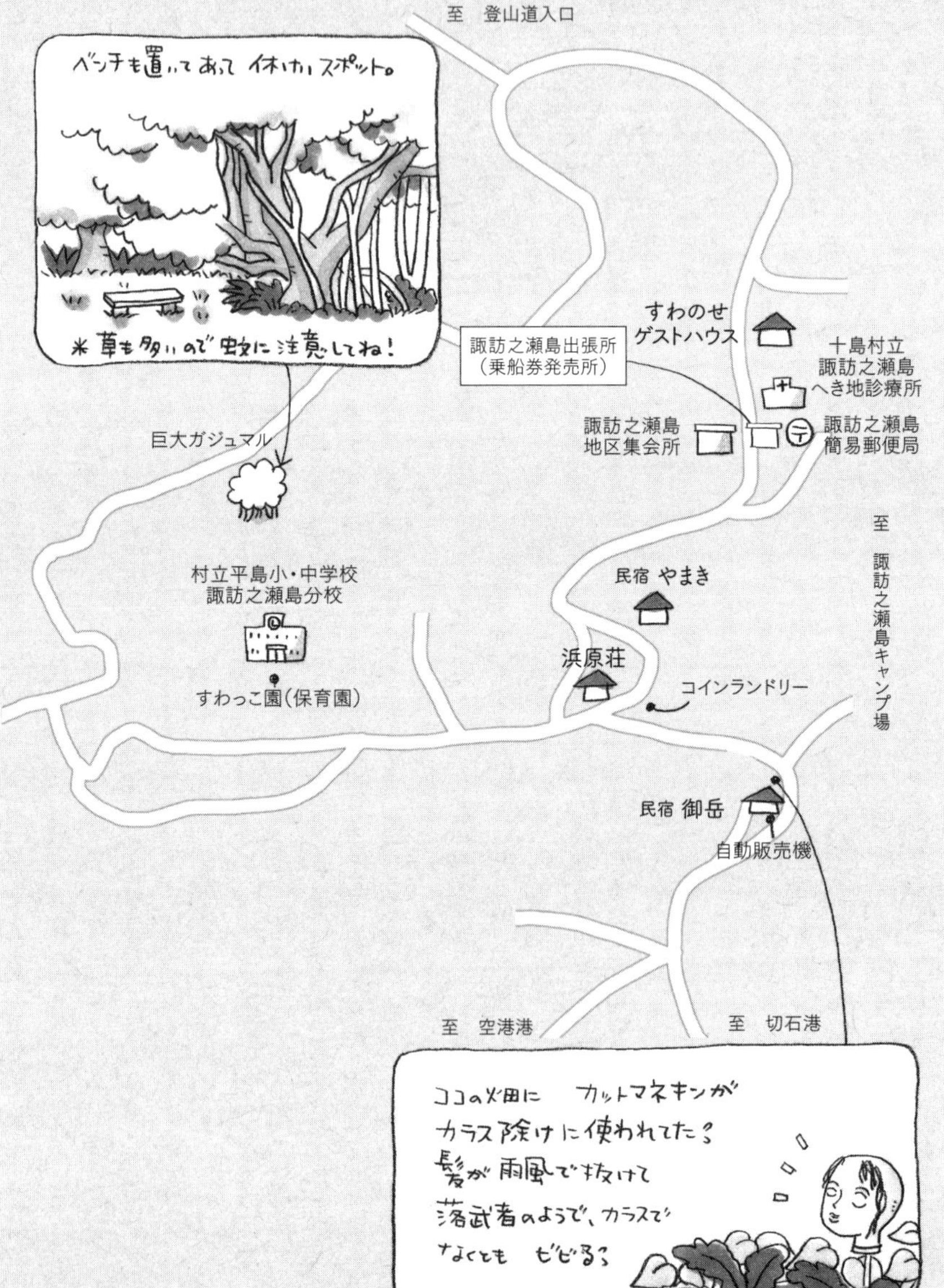
至　登山道入口
ベンチも置いてあって 休けいスポット。
＊草も多いので虫に注意してね！
巨大ガジュマル
諏訪之瀬島出張所
（乗船券発売所）
すわのせ
ゲストハウス
十島村立
諏訪之瀬島
へき地診療所
諏訪之瀬島
地区集会所
諏訪之瀬島
簡易郵便局
至　諏訪之瀬島キャンプ場
村立平島小・中学校
諏訪之瀬島分校
すわっこ園（保育園）
民宿 やまき
浜原荘
コインランドリー
民宿 御岳
自動販売機
至　空港港
至　切石港
ココの畑に　カットマネキンが
カラス除けに使われてた？
髪が雨風で抜けて
落武者のようで、カラスで
なくとも　ビビる？

釣人の憧れの聖地へ

「諏訪之瀬島《すわのせじま》って、あれでしょ？　ヒッピーの島でしょ？」

諏訪之瀬島の名前を出すと、年配の人からはそう言われる事が多い。けれど、それは60～70年代頃、けっこう昔の話だ。その時代に移住した人も2組住んでいる。が、彼らが移住してから流れた月日は約40年。もうすっかり島人だ。言われないと正直わからない。

今、諏訪之瀬島と聞いて瞳を輝かすのは、断然「ロウニンアジ（通称、ＧＴ）」狙いの釣人だ。5～6月、トカラ列島にはトビウオが産卵のために各島の港の中まで入ってくる。それを追いかけて来るのがＧＴだ。成魚は体長１８０センチメートル、体重80キロにもなるという大型魚。それが船で沖に出ずとも港の防波堤で釣れるのは、この時期のトカラ列島ならでは。しかも、トビウオは港から「釣る」のではなく網で「すくう」のだと言う。金魚すくいならぬ、トビウオすくい！　海上をビュンビュンと飛びまくるトビウオをどうやってすくうのか？

見、見たい！そして自分でもすくいたい！　思い立ったら吉日。1年に1度だけ運航するレントゲン便（145Ｐ）に乗って、私は諏訪之瀬島に降り立ったのだった。

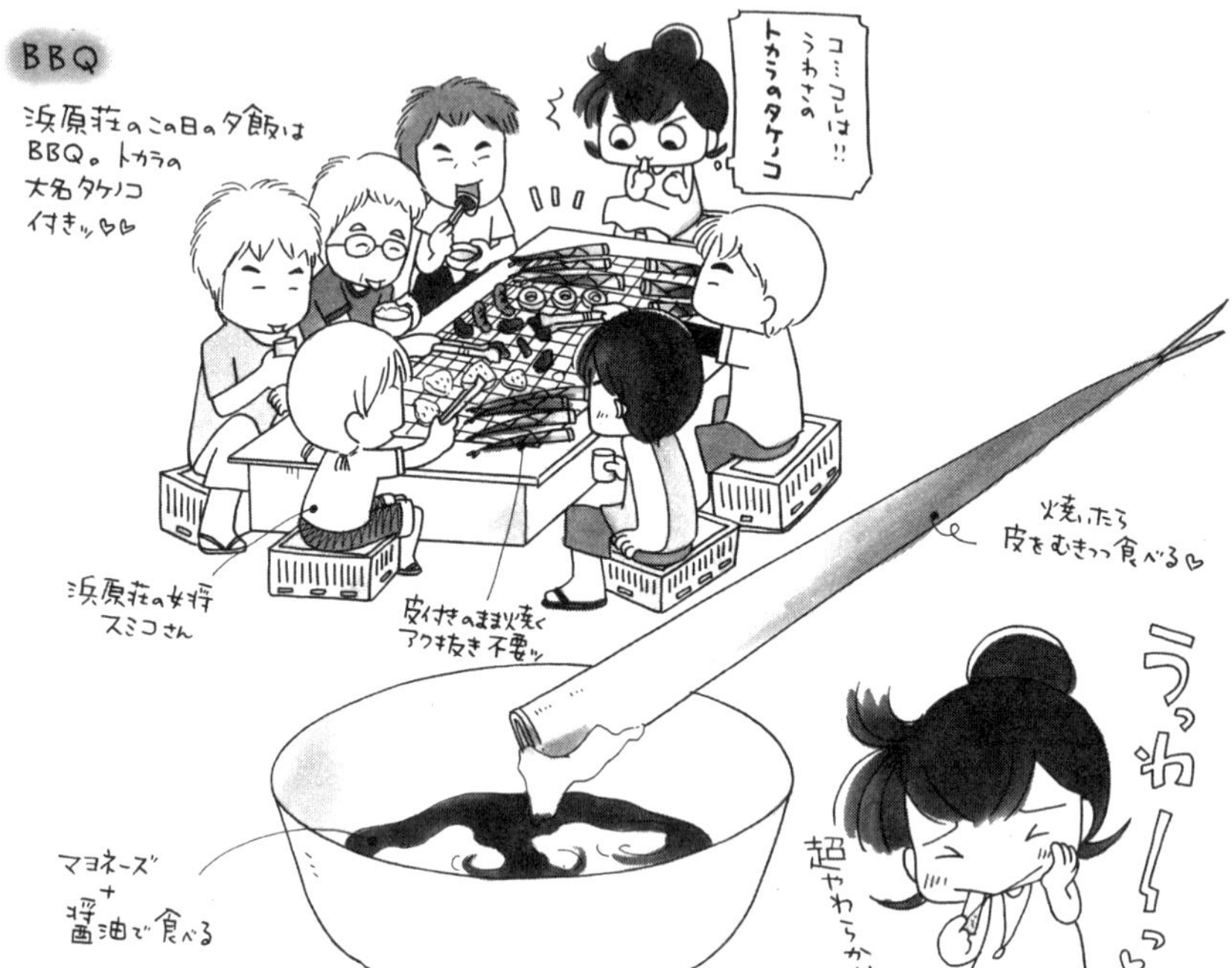

大名タケノコ

旬は4〜6月。「大名に献上するほどうまいタケノコ」だから"大名タケノコ"。春に採って冷凍して、みそ汁などに入れたりされますー✿

トビウオ組＆GT組。いざ、出陣！

夕食を済ませた19時過ぎ。「浜原荘」に宿泊中の釣人さんたちがソウソワしだす。真剣な眼差しでスマホを見たり、ＰＣでトカラ列島の港の画像を眺めてみたり。無言だけれど、ムンムンとヤル気オーラが部屋中に渦巻く。他の島の知り合いに電話をかけている宿の娘・チホさんが嬉々と声を上げる。

「中之島の港には、すでにトビ（＝トビウオ）が入ってて、みんなスタンバってるって！」

それを合図にみんなちりじりになって出動態勢に。釣りのコトはまったくわからないけれど、何か事が起こる前のこのドキドキワクワク感が満ち溢れた空気はたまらなく好きだ。演劇部だった学生時代。薄暗くなった舞台袖で開演ベルを聞くあの瞬間。ライトが点けば日常とは違う世界が始まるあの時の高揚感と重なる。自分が釣るわけではないのに（笑）。

諏訪之瀬島の夜の「切石港」。場所取り用の軽トラが数台並ぶ。街灯はほぼない。真っ暗闇に小さくチカチカ光るみんなのヘッドライトと月明かりのみ。

「トビが来るのはあの月が山に沈んでから」

誰かが教えてくれた。暗すぎて誰かわからないけれど、たぶん、島の人。「音を立てるとトビが来ないから静かにしてね」と、宿のチホさんから言われていた私。今日、島に着いたばっか

※1：やっぱり登山用よりも海仕様（釣りやマリンスポーツ用）が良いらしい。

りなのに、そそっかしさがバレている。ハイ、気を付けます（笑）。みんな各々の場所で、ひたすらひたすら待つ。光がありすぎるのも良くないのだそう。下手にスマホも開けられない。

月が沈むまでにはまだ時間がある。女将のスミコさんは、待ちくたびれて軽トラの横の地べたにゴロッと横になっている。5月とは言え、夜の海風は冷たく登山用の雨具を隙間なく着ていても寒い。※1 チホさんは軽トラの中で、他の島の釣人さんと状況報告し合っているよう。GT狙いの釣人さんは、防波堤の先端で待機。

宿を出てから2〜3時間経っただろうか？　月がスッと隠れ、辺りの暗さが一層増したその時……。

パシャッ！

今まで静かだった海から、一瞬、水音がした。

「来たッ！」

スミコさんが飛び起きる！　パッと誰かが海中に入れたグリーンライトを点ける。

バシャ！　バシャ！　バシャ！　バシャ!!

突如、暗闇の中に差すスポットライトのような緑色の明かりの中に、無数のトビウオが四方八方無造作に飛び交いまくっているではないか！　狂喜乱舞とはこのコトか?!

「大漁や〜！　こりゃ、（網に）入って来い！　今年のトビはすばしっこい！」

小柄なスミコさんが、大きな釣り用の玉網を海中に突っ込みながら叫ぶ。

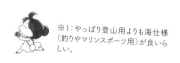

「ぎゃ〜、トビ汁がかかった〜!」※2 チホさんも叫ぶ。2人とも玉網を両手で握りしめ、飛び交うトビウオをすくいまくる! その姿もこれまたトビウオに負けず劣らずの狂喜乱舞さ! まるまるぷりぷりと太ったトビウオを一すくいで一気に5匹ほど網に入れ、脇に止めた軽トラに積まれた氷入りのクーラーBOXにボンボン放り込んでいく。みるみるうちに氷の海に溢れていくトビウオ。ものの十数分で2箱がトビウオで満員御礼状態だ。同時に、トビウオの群れもどこかへ消えて行き、また静かな海が戻ってきた。グリーンライトもいったん消灯。そして再び、ひたすら待つのだ。トビウオの群れが

※2:トビウオから飛び散る液が服に付くと、とても臭くなかなか取れないと、チホさん談

港に入って来るのを。

「次、私もすくってみたいです〜」

半ば恐る恐る、でも、ウキウキ心を我慢できず言ってみた。ズイッとスミコさんから玉網を手渡される。予想外に重い。ちょっぴり不安を覚えつつも、冷たいコンクリートの上でじっと待つ。

パシャッ！

来た、トビウオだ！　みんな、再び一斉に立ち上がる。私もワンテンポ遅れつつも後に続く。スミコさんのマネをして、いざ、トビウオすくい！と、思いきや、ただでさえ重い玉網。海中につけたら、さらにズッシリ。腕力のない私は玉網を海中で動かすだけで精一杯。１匹もすくえやしない。下手すりゃ、自分がトビウオの群れに落っこちてしまいそうなくらい。

「ちがう、ちがう〜。すくいに行くんやなくて、トビが網に入って来る位置で構えて待ってるんや！」

トカラのこの時期に通い続けて30年のベテラン釣人のおっちゃんが、実演付きで教えてくれた。おっちゃんが待ち構える網に、飛んで火に入る夏の虫よろしく次々とトビウオが入って行く。５匹ぐらい網に入ったところで、網を持ち上げるおっちゃん。早速、真似てみた。……が、ちっとも入ってくれない。網の向きをちょこちょこ変えてみる。やっとこさ、動きの鈍い一匹が入った！

しかし、その1匹を持ち上げるだけで私の腕力はフルパワー全開状態。おっちゃんと、スミコさん、チホさんの3人は、一振りで5匹はすくい上げている。なんでそんなに腕力があるのか？ まったくもって戦力にならないこの私。

GTよ、ありがとう！

ところで、防波堤にいるGT組はどうしてるのか。トビウオ組と違い、そこは海との高低差が10メートル以上はある。直下に広がる海は流れの速い黒潮ど真ん中だ。カナヅチの私なんぞ、落ちたら一巻の終わりだ。

「あっ、GTが上がったみたい！」

チホさんが防波堤の先に向かって走り出した。

「誰や？ 誰が釣ったんや?!」

スミコさんもダッシュ。ん？ 携帯で連絡が着た様子もないのになんでわかるの？

「防波堤の先にいるみんなのヘッドライトが、チラチラと動き出したから」

と、チホさん。港は暗すぎてヘッドライトの小さな動きでも遠くから確認できる。私も2人に続く。

辿り着いたそこでは、20代の青年が一人、今まさにGTを引き上げようとしている瞬間だった。手に握る釣り竿はグネ～っとほぼ垂直に曲がった状態。うわッ!うわッ!コレって、むっちゃ大物?! 大物を釣り上げるトコロを見たコトがない私の興奮度はMAX! ついつい青年の近くまで寄って眺めてしまう。ググっと全身で踏ん張りまくる青年。足元が防波堤の縁に近づいていってる気もするような。海へ落っこちやしないか?! 他の釣人は少し離れたトコロから見守っている。なんで? 『おおきなかぶ』の絵本のように、みんなでひっぱるものではないの? 疑問だらけだが、空気があまりにも張り詰めているのでとても聞けやしない。そんな私の「?」を察したのか、チホさんがポソッと教えてくれた。

「一人で釣り上げないと記録にカウントされないんよ」

え? 体長2メートルぐらいのGTの魚拓が宿にありましたよね? あれすべて一人で釣ったものなんですか?! 青年は相変わらず踏ん張り中。自身の全身が重りのよう。釣り竿の曲がりっぷりも半端ない。あぁっ……竿が折れるか、青年が海に落ちるか。見ているこっちがハラハラする。しかし騒いではいかんのだ。ひたすら口を貝にして、私も違う意味で踏ん張る。ドサッ!! コンクリートの上に長方形に近い銀色の物体が横たわった。ピチピチと尾とヒレをバタつかせ、身についた海水を周りに巻き散らしている。生まれて初めてみた生GT。水族館のガラス越しではなく、諏訪之瀬島の陸の上で。釣人さんから見たらコレでも小ぶりなのだそう。素人から見たら十分デカすぎる。ココにいる10人ちょっとの人数で山分けできるくらいのサイズは優にある。きっと明日はみんなで食べるのかな？　一切れだけでもおこぼれをいただけないかな？　と、一人厚かましいコトを考えていたら……。

「ありがとう～～～～～～～～～!!!!」

釣り上げた青年の大声とともに、そのGTは一瞬、宙を舞った後、先ほどまで泳いでいた黒潮の中へとあっさり投げ返されてしまった。

「えっ？　あれ？　食べないんですか!?」

あまりの驚きに、つい声を出してしまった。どうやら食べても美味しくないらしい。スポーツフィッシングの人は、サイズを測定し、記念写真を撮るとリリースするのが常なのだそうだ。[※3]ええッ!!……。食べてみたかった。

余談だが、後日、別の島でGTの燻製をいただく機会があった。コレが美味い！　魚というよりも豚の燻製のようでジューシーなのだ。コショウをふると酒の肴として最高。この燻製をトカラの名産品に加えてもらえないだろうか（個人的願望）。いいと思うんだけどな～。

※3：コレには賛否両論ある。一度釣り針で傷ついた魚は、海に戻してもすぐ死んでしまうし、GTがトビウオの網を食いちぎってしまうコトもあり、トビウオ漁的にはリリースしない方が良いのだそうだ。

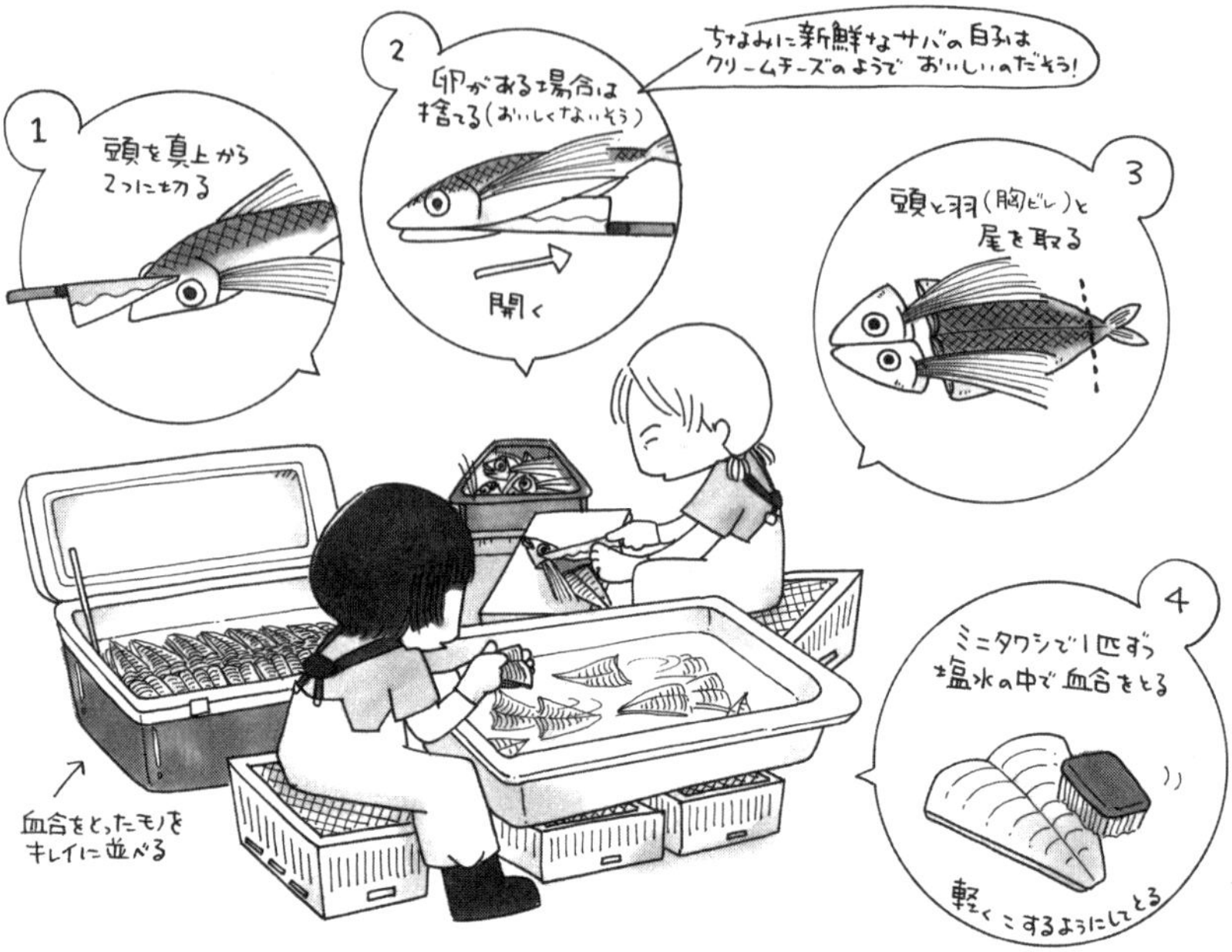

トビウオの行く末

深夜1時頃。朝まで釣りを続けるGT組を残し、トビ組は帰り支度。月はとうに山の向こうに消え去り、グリーンライトも取り外された真っ暗な港。相変わらず近くにいる人が誰かもわからない。小さなヘッドライトと声だけが頼り。ふと見上げると、諏訪之瀬島の夜空にはどれが星座かわからないほどの無数の星々が静かにキラキラとまたたいていた。都会では決してありえない非日常の夜空。「あ〜、なんだか遠くに来ちゃったな〜」という、うれしさとちょっぴりの寂しさとが入り混じった不思議な気持ちになったのだった。

トカラヤギ ファミリー
たまに、ヤギのフンが 落ちてるので注意。(笑)
リゾートのためにつくられた飛行場。
結局、諏訪之瀬島のリゾート化は失敗に終わり放置されホテルの場所は森と化し飛行場はヘリポートとして 使われている。
国内の他の島にも、リゾートに失敗して放置されているトコロは いくつかある。つくるだけ つくって自然を壊しまくって ほったらかす。
私が リゾートが好きじゃない理由のひとつ。なのに、なんでだろう? この飛行場跡は なんだか とっても好き。海とヤギとサギと噴煙を上げる御岳、そして、大空。
たった ひとり、それらに ぐるりと囲まれて、誰も来ない。悶々と いろいろ考えて、考えたまに「どーでも いいやー」って気持ちになる場所。

さて、獲ったトビウオだが、私はてっきり、宿のごはんに出てくるものだと思っていた。が、トビウオすくいの翌朝、スミコさんとチホさんが大漁のトビウオを宿前で延々とさばきまくっている。それを塩漬けにして島外に送るのだという。浜原荘で獲ったトビウオは、すべてお世話になっている人たちにあげるモノなのだ※4。郵送代だけでもバカにならないくらいの量である。金儲けよりも、人との繋がりを大切にする島の人らしい。

ほぼ、トビウオ一色だった諏訪之瀬島での3泊4日。今度は釣りシーズンではない、普段着の諏訪之瀬島も見に来なければと思う私なのであった。

※4：販売用のトビウオは別のグループがさばいていたが、島内では販売していないそう。鹿児島港近くの「結プラザ」(P147)などで購入できるらしい。

ちびっ子と島内ぐるっと大冒険

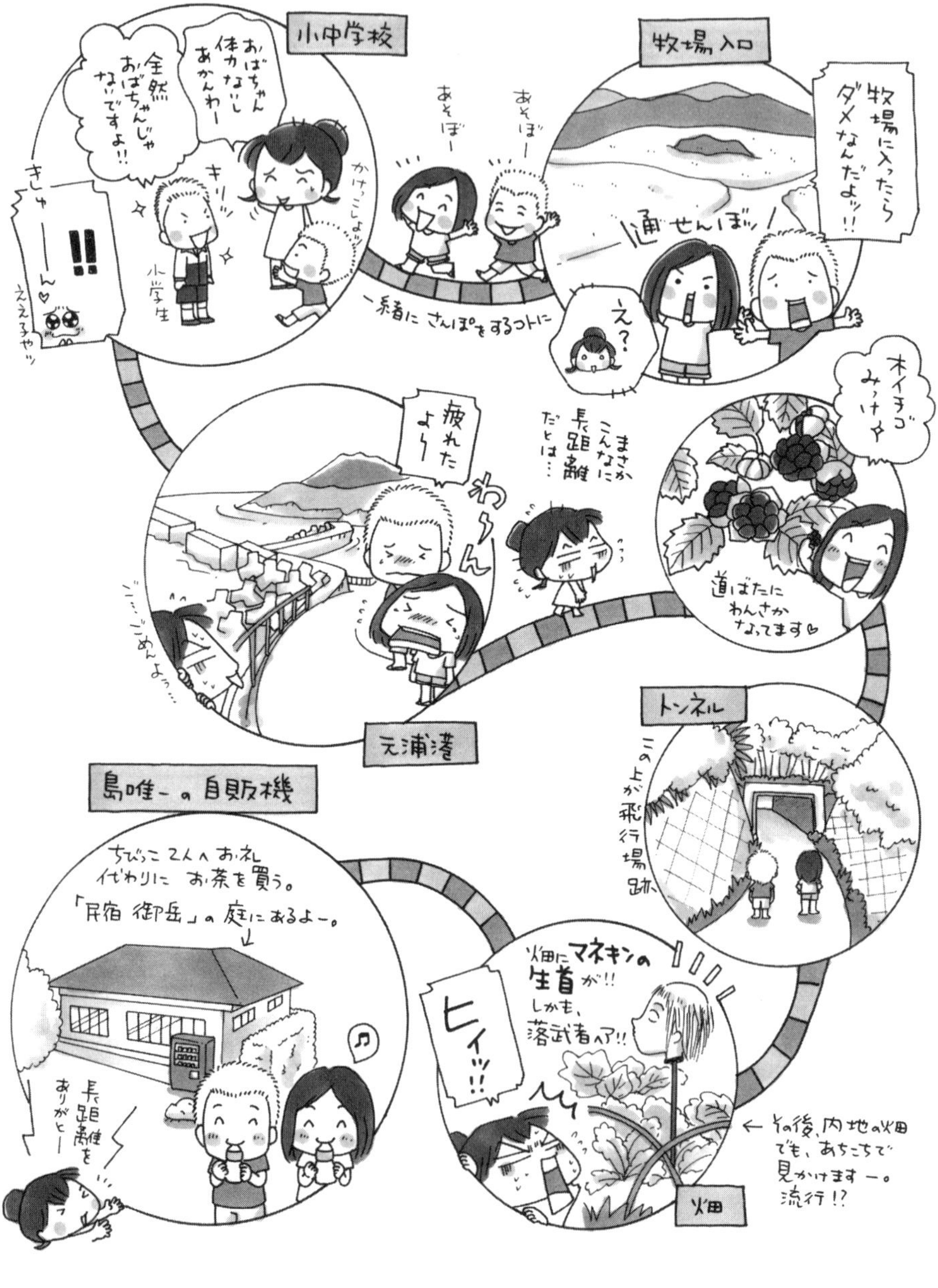

島人NOTE
ー諏訪之瀬島ー

1970年代。諏訪之瀬島の集落から少し離れたところに**バンヤン・アシュラム**と名付けられた移住者の集落があり、カウンターカルチャーを実践すべく自給自足の共同生活をする人たちが住んでいました。

ナーガさん&ラーダさんご夫妻もそこで暮らしていた方々。1980年にバンヤン・アシュラム解散後も、島民として島に残り、娘2人を育てあげる。

手づくりの八角形の木造のお家は、**絵本の世界にお邪魔したかのよう**でした✿

長沢 哲夫（ナーガ）さん

東京都出身。1972年、31歳の時に諏訪之瀬島へ移住。

トビウオ漁の**漁師**。また、ある時は**詩人**。『手のひらに虹の長い羽がまわっている』（プラサード書店）など多くの詩集を出している。

おっとりと話される方。

諏訪之瀬島で最長老らしい。

長沢 芳枝さん（ラーダ）

神奈川県出身。

19歳の時に、はじめて諏訪之瀬島へ訪れ、移住。

チャキチャキと話される方。

カウンターカルチャー系の人々を"ヒッピー"と揶揄する人もいるけれど時代に流されず、自分の生き方を自分で決めて行動するってステキやなーと、私は思います♡

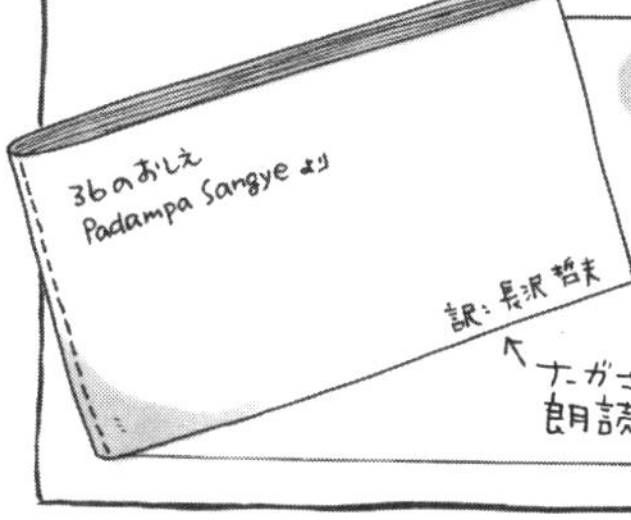
36のおしえ
Padampa Sangye より
訳：長沢 哲夫

ナーガさんの朗読ライヴ

毎年4〜5月、ナーガさんとミュージシャンの内田ボブさんが行う全国ツアー**「春風めぐる〜ボブとナーガの歌と詩の旅〜」**。内地にいながらにして、ナーガさんに出会えるチャンス！スケジュール等はナーガさんのサイトを見てね。

↑ナーガさんが、昔、チベットを旅していた時に出会った仏教の教えの詩を訳した冊子。朗読ライヴ会場で買えるよ✩

※ナーガさんのHP　http://amanakuni.net/naga/

4 平島

tairajima

いにしえの風習が残る平家伝説の島

DATE

面積	2.08㎢
周囲	7.23km
最高点	242.9m
人口	61人（H29年5月現在）

東え浜から岩がゴロゴロとした海岸を15分ほど歩くとある。
穴からは臥蛇島《がじゃじま》と小臥蛇島《こがじゃじま》が見えるよ。

平家の穴の手前、海側の岩を少し上がったトコロにある。岩のくぼみに入った石が潮の流れで転がり、くぼみ内の石を少しずつ削って自然にできたモノ。

昔、この北側エリアには田畑が広がっていたそう

野鳥の島

4~5月は約400種の野鳥が見られるため、バードウォッチャーも訪れる島。

村島でもあるアカヒゲ
4~5月は繁殖と子育てをしに渡ってくる。

平《てえら》の銀飯

平島は昔"平の銀飯"と呼ばれるほどおいしい米がとれた米どころだった。
山水が豊富で、水もちが良い、土壌、平地がないので必然と棚田ができ…と、米にとって好立地☆
この小さな島に約4000坪の田があったそう。

平家の穴
穴口
甌穴
御岳
(242.9)
平島集落
平島出張所
<乗船券発売所>
ヘリポート

平島 集落エリア

ススキのほうき

島では昔から ススキで ほうきを 作っていたそう。

畑に生首が!!

カラス除けに、畑に いくつもの カットマネキンが!!
ヒィ〜〜〜?

島豆腐

昔は、島産の大豆と沖の海水で豆腐を作っていたそう。

固めでうまいぞー☆

島のおじいちゃん↓

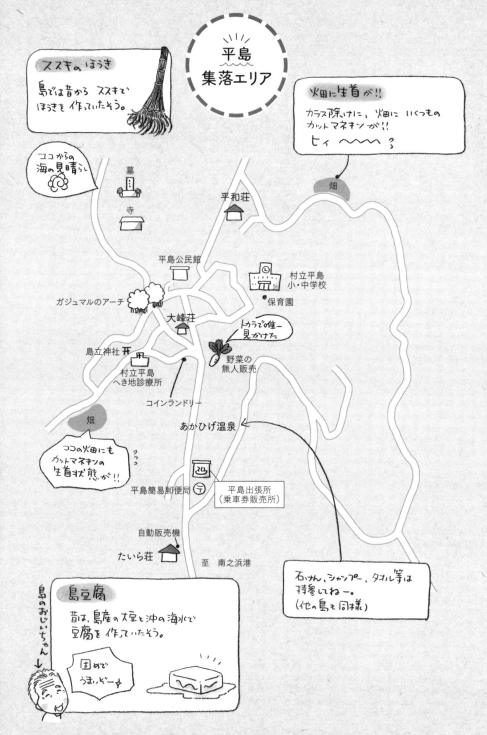

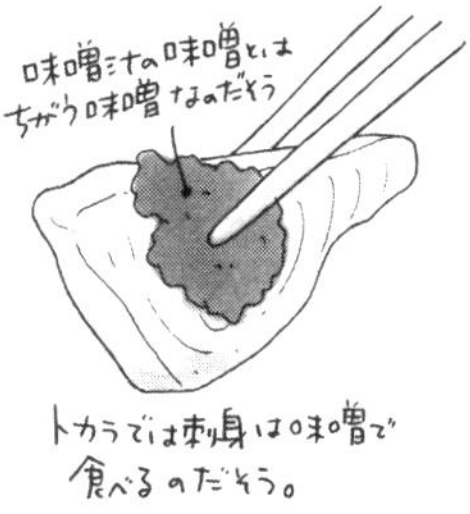
味噌汁の味噌とは
ちがう味噌なのだそう
トカラでは刺身は味噌で
食べるのだそう。

ブチエビのみそ汁
トカラの伊勢エビ漁は
この年は 9月上旬頃～ 4月頃。
ブチエビ
目の近くに
鮮やかな
コバルトブルー！
伊勢エビの一種。

カセダウチ

ヴーヴー……。

ポシェット内の携帯が震える。着信名は「たいら荘」。平島《たいらじま》の漁師宿だ。「時化が来るから一便前の〝フェリーとしま〟に乗った方がいい」という連絡だった。

「大丈夫です！　今晩の便に乗るべく、すでに鹿児島におります！」

1月下旬。冬晴れの青空に桜島の白い噴煙が昇っていくのを鹿児島港南埠頭から眺めながら返事をした。

平島を初めて訪れたのは前年の9月上旬。悪石島《あくせきじま》から平島へ移動する際、平島でたいら荘に泊まると言うと、「満男によろしく！」「満男さんトコに、このキュウリ持って行って」と、あちこちから伝言を預かった。たいら荘の満男さんという人は、どれだけ人望の厚い人なんだ?!と、が然、たいら荘に泊まるのが楽しみになったコトを思い出す。

平島でフェリーとしまを下船するなり、私は不思議なモノに出会った。それは港の壁にデカデカと描かれた絵。ビロウの葉をまとい、顔がすべて隠れるほど深々

※1：祭典が終わった後、神前に捧げた供物を奉仕した神主や参列者でいただくこと。転じて祭りの後の慰労会を意味することもある。

とクバ笠を被った謎な人物。しかも全身をほとんど黒く塗られ、まるで妖怪。絵の左下には「福《ふっ》徳人《とこじん》」と書かれていた。ここ平島では、毎年旧暦12月14日に「カセダウチ」という民俗行事が行われる。その時に登場するのがこの福徳人。〝福〟とか〝神〟とか、なんだかめでたそうな文字が入っているにも関わらず、闇を背負ったようなこの神様。一体全体、どんな意味があって何をするのか？　トカラ関係の本を何冊か読んでみたものの情報が乏しく、島人の話だけではイマイチわからず。コレはもう「自分の目で見るしかない！」と、冬の大時化直前に再び平島へやって来たのだった。

旧暦12月14日。この年は1月24日がその日だった。カセダウチのメインは夜。日中はいろいろと準備の時間だ。婦人会の直会《なおらい》※1用の料理作りも、その一つ。「婦人会の準備を午後1時から行います」と、午前中に島内放送が流れる。トカラの場合、このお知らせ時間を鵜呑みにしてはいけない。「南の島だから時間にルーズで、みんなすぐに集まんないんでしょ〜」と、思ったアナタ。違うのです。逆なのです！　その時間に行ったら物事はすでに終わってしまっているコトが多いのです！　5分前集合ならぬ、30分前行動！　驚愕！※2

と、いうコトを前回の来島時に学んでいた私。はりきって30分前にコミュニティセンター（以後コミュセン）にやって来た。が、すでにほぼ全員集合して作業が始まっているではないか！　どんだけ早いんだ?!　コミュセンの台所には20〜50代の女性が8人ほど。若いメンバーは学校の先生の奥さんたちだ。大きな鍋で卵を茹で、大きなボウルでは「大根なます」が混ぜられて

※2：島の男性が担当する「フェリーとしま」の荷役作業も、船が入港してから港へ向かっても間に合いそうなのに、なぜか、皆、30分前からスタンバっている。その30分間は〝男の社交場〟だというウワサも?!

いる。屋外では、自治会長さんと副自治会長さん（共に男性）が、木製のまな板の上で、刺身用のシロダイとコブシメをさばいている。ギョロとした大きな目と、まるまるとサッカーボール級はありそうな身のコブシメ！　高級イカではないか！　島の漁師・良一さん（93P）が獲って来たのだそう。数は減ってしまったものの、今でも平島の周辺はコブシメが産卵に集まって来るらしい。

　一通り調理が終わると、畳の間で軽くお茶タイムが始まる。島生まれ育ちのおばちゃんが数人いて、話題は昔のヤミ焼酎の話に。おばちゃんたち（60代ぐらい?）が子どもの頃、島内の7カ所ぐらいで造っていたそう。〝普段呑み用〟というよりも、もっぱら〝祝い事用〟であったらしい。造る時は発酵させた芋を持って行き、夜通し炊くので家族全員で出かけて行ったのだという。「一番最初にできる焼酎の初垂れ《ハナタレ》が美味しくてね～」と、ほっこり顔でお茶を飲みつつ語るおばちゃんたち。その瞳には、当時の光景が映っているかのようだった。今も家の物置に焼酎用の木樽が残っている家もあるらしい。島の焼酎、復活するといいなぁ。「初垂れの光景を平島で私も見てみたい」と、お茶をすすりつつ思うのだった。

福徳人と子どもたち

辺りはとっぷり日が暮れ、気温もどんどんと下がり始めた夜。いよいよ、カセダウチの始まりだ。自治会長さんの家を皮切りに、福徳神が島内の家を1軒1軒回る。通りに街灯はほとんどなく、ほぼ真っ暗。そんな中、どこからともなく福徳神が現れる（その年の恵方からと言われている）。クバ笠を深くかぶり、顔を隠し、左手には墨がいっぱいついた軍手をはめ、右手には木製の魚がついた釣竿を持ち、身体中にビロウの葉を巻きつけている。昔の蓑《みの》のビロウバージョン。ビロウの隙間からブルーの雨具がチラホラ見え隠れするのはご愛きょう（笑）。

家の敷地内に入ると「恵方《あきほ》から参りました福の神でございます」とつぶやき、家の扉を開け、ビロウの葉をバッサバッサと揺らしながら入って来る（小声すぎて、何を言っているのか聞こえないけど）。後ろにお付きの男性陣を4～5人従えて。室内で正座して出迎えるのは家主。両者の間に酒となますが載った御膳が用意されており、まずは家主と福徳神が杯をかわす。家主が福徳神に酒を注ぎ、そして福徳神が家主に注ぐ。次は、なますの上に載った刺身を一切れずつ、家主が福徳神の右の手のひらに箸で載せる。[※3] このやり取りが3回ほど行われる。本来はココで、家主が「今年の漁はどうですか?」等、質問して福徳神が家に長居した方が福が訪れると言われている。が、今は各家「3回ずつ」となっていた。

※3:数軒目からは、お付きの男性陣の出番。福徳神は刺身を食べたフリをして後ろ手でお付きの人に渡し、お付きの人がこれを食べる。全軒で食べていると大変だからなのだそう。お付きには、ライトや各家から預かる御神酒を持つ係もいる。

家主
福徳人
クバ笠
竿
なます
焼酎
青いビニールガッパ
ビロウの葉
ビニールシート。水と墨を付けた福徳人が入って来るので
畳が汚れないように。現代っぽい(笑)。昔は汚れるのがふつうだった。

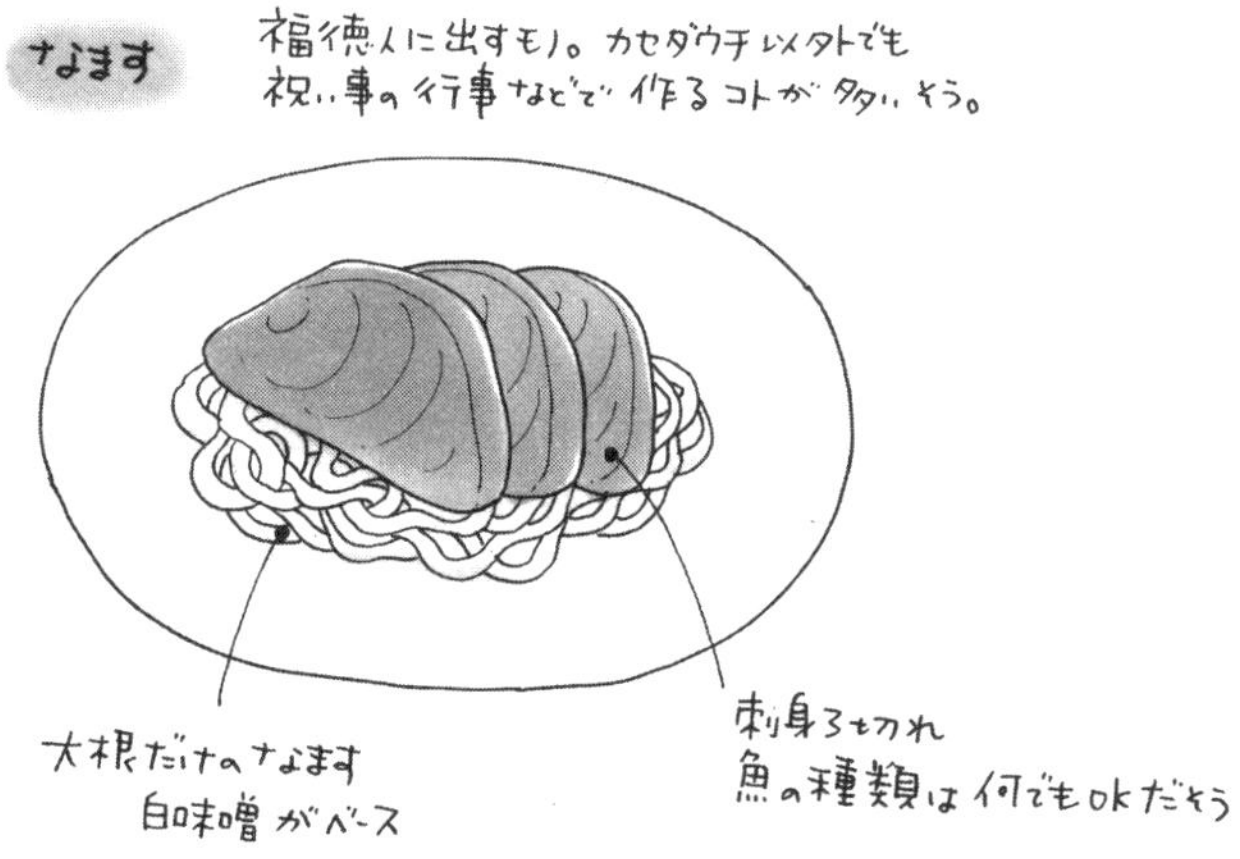
なます
福徳人に出すもの。カセダウチ以外でも
祝い事の行事などで作るコトが多いそう。
大根だけのなます
白味噌がベース
刺身3切れ
魚の種類は何でもOKだそう

その後、福徳神は右手に竿を持ち、木製の魚が床を泳いでいるかのように竿を左右に振りながら呪文のような口上を始める。

「一で俵を振りまいて、二でにっこくちぃわろた、三で酒をふっつうて、四つ世の中よかように、五つぃつもの如くなり、六つ無病息災て、七つ何事なかように、八つ屋敷を広め立て、九つ小蔵をつき立てて、十で徳利おさまった。めでたい、めでたい。菖蒲、菖蒲、菖蒲！」

ほぼほぼ聞き取り不可能なボソッとした声。このボソボソ声が神様的ポイントなのだとか。これを島内のすべての家で行う。40軒ほどとは言え、なかなかどうして、長い道のりだ。口上からもわかるように、カセダウチは五穀豊穣を願う行事であり、福徳神は恵みをもたらす神なのだ。

しかし、それだけではない。家と家との移動中にも一騒動待っているのだ。各家から出てくる福徳神を木や建物の物陰からこっそり伺っている小さな人影がある。島の子どもたちだ。7人ぐらいだろうか？　ちなみに平島小中学校の全校生徒である。島生まれの子はおらず、「山海留学生」や学校の先生の子どもたちで構成されている。その後ろには若い先生たちの姿も。福徳神が子どもたちの射程範囲に入ったとたん「それ！」と、手に持っていた洗面器の水を福徳神に思いっきりかける！　冷水がキラキラと宙を舞う。

バシャッ！　ジャバッ！　バシャッ！

再度お伝えするが……「真冬」である。しかも、明日は大寒波が押し寄せるという予報が出ている前夜（カセダウチの時はいつも大寒波なのだそう）。冷たい小雨もハラハラ天から降ってきた。そんな中の冷水！　ひぃ～、見てるだけでこっちが凍え死にそう！　福徳神がビロウの中に雨具を着込んでいたのはこのためだったのだ。

水も滴るいい神様・福徳神がピタッと動きを止める。そして、まるでロボットのように頭だけをクルリと子どもたちの方へ向けた。と、その瞬間、水をかけた子めがけて無言でダッシュ！　福徳神は口上以外は言葉を発してはいけないらしい。何気にこの世の者じゃないようで、ちょっとゾクゾクする。福徳神役の人の演技力なかなかすごい！　ビロウが揺れまくりバサッバサッと音を立てる。雫がビロウからも飛び散る。

「きゃ〜！　きゃ〜！」

暗闇の中、大声で笑いながら逃げ惑う子どもたち。そのうちの一人が福徳神にまんまと背後から全身を掴まれた。福徳神は墨の付いた軍手で、その子どもの顔をグリグリと撫で回す。顔は墨で真っ黒！　男子も女子も、子どもたちはますます、きゃっきゃっとはしゃぎまくる。この墨を塗られると1年間、無病息災でいられるという。昔は墨ではなく台所のかまどの灰に油を混ぜたモノだったそう。福徳神が各家のかまどから灰をその都度分けてもらっていたらしい。台所にあるものを使う。いかにも、五穀豊穣らしい。去ってゆく福徳神を再び追いかける子どもたち。次の家の外で水かけする場所をみんなで探し始めるのだった。

定期的に船が来なかった昔。島の五穀豊穣への祈りは切実で、とても大切なモノだったと思う。特に平島は「平《てぇら》の銀飯」と呼ばれるほどトカラの米どころでもあったのだから。同時に、この子どもたちの水かけもとっても大切なコトな気がする。水かけは、子どもたちがお互いに相談して行う連携プレー。誰がどこに隠れる等、作戦を練る姿は絶海の孤島で島人が普段から協力して生活している姿と重なる。遊びに思えるコトから生きる上で大切なコトを教わる行事でもある気がするのだ。

「島ではケンカしても次の日には仲直りする。『天気いいね〜』とか声をかけて。島は助け合って生きていかなきゃいけないからさ。正論だけがすべてじゃないんだよ」

数日前、道端で出会った島人から聞いた言葉。激しい流れの七島灘に浮かぶ絶海の孤島で生きていくには欠かせないコト。「正論だけがすべてじゃないんだよ」。

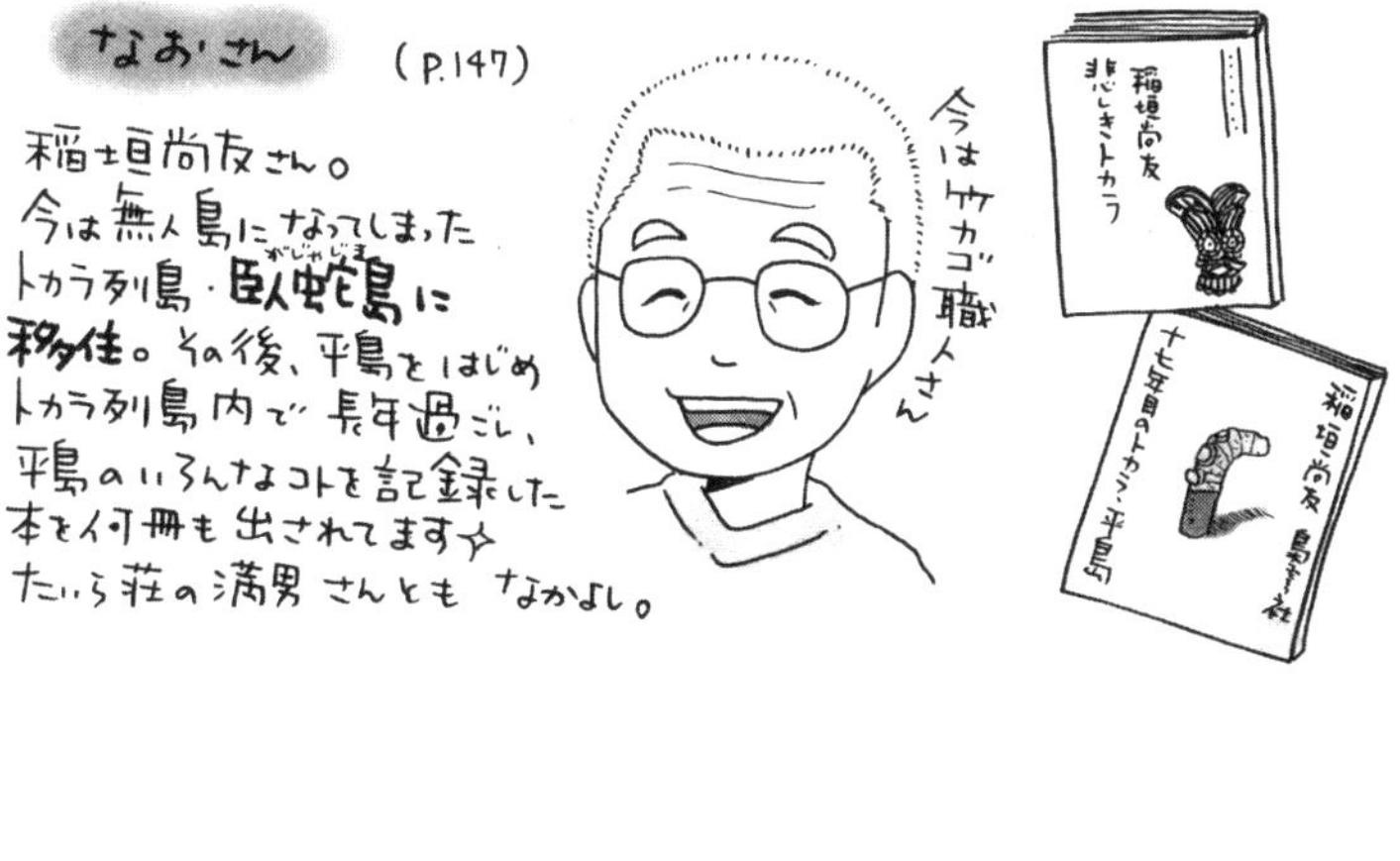
なおさん
(P.147)
稲垣尚友さん。
今は無人島になってしまった
トカラ列島・臥蛇島《がじゃじま》に
移住。その後、平島をはじめ
トカラ列島内で長年過ごし、
平島のいろんなコトを記録した
本を何冊も出されてます☆
たいら荘の満男さんともなかよし。
今は竹カゴ職人さん
稲垣尚友
悲しきトカラ
十七年目のトカラ・平島
稲垣尚友
梟社

自分の人生のあらゆるシーンを思い出させる一言。ついつい物事に白黒つけてしまいがちな私。何かをつかみたいのに、つかめないような、なんとも言えないもどかしさを感じたのだった。

ところで、このカセダウチ、じつは一度廃れかけていた。各家で家主が福徳神役をし、個別に行われるようになったのだそう。そうすると、もちろん水かけ役の子どもたちの出番はない。昔と同様、家々を回るかたちに復活させたのは、何を隠そう冒頭のたいら荘の宿主・満男さんなのだ。満男さんは、島生まれ育ち。いったん島を出て、関東で和・洋・中の料理人として働き、30歳過ぎて家族とUターンした。もう何度も福徳神役をやっているので、口上は暗記していてスラスラと口から出てくるほど。また、自治会がなかったこ

ヤギ汁

そのへんにいる野生ヤギをしめるらしい
平島ではマダラ模様が多かった

小さくカットされているからか
血抜きがお上手なのか
ヤギ臭がほぼなくて食べやすい。

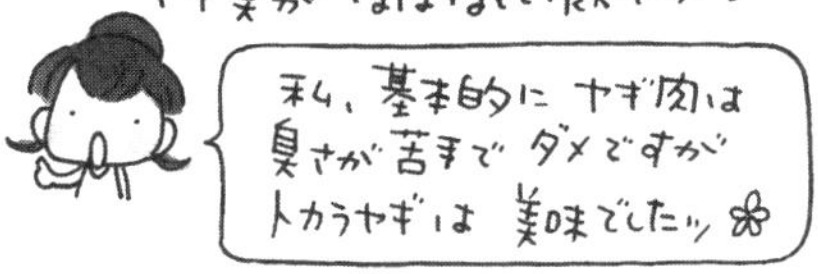

私、基本的にヤギ肉は臭さが苦手でダメですがトカラヤギは美味でしたッ✿

水芋掘りのお手伝い

水芋はトカラの特産品のひとつ。11〜2月が旬。
沖縄の**田芋**のコト。サトイモと似てるけど、
ねっとり感がはるかにある。
沖縄からは害虫の関係で生のまんま内地への
持ち出し禁止だが、トカラのは生で持ち出しOK!

明子さ〜ん 足先の感覚がなくなりました…
寒いッス
むっちゃ冷水!

明子さん家の水芋畑。水田を利用して栽培する。

平島の防波堤の先で
見た朝焼けは
人生で一番の朝焼け
大きな 大きな
水彩画のグラデーションの
一枚の絵の中に
自分が
迷い込んだような
世界は最高だーって
さけびたくなるような
時間でした

の島に自治会を作ろうとしたのも満男さんだったそう。その時は、毎晩島人の家を1軒1軒、焼酎片手に話し合いに行ったのだと言う。戸数が都会のそれより少ないとは言え、島のみんなに納得してもらうなど、果てしなくゴールの見えないような話だ。満男さんの人望の厚さも納得なのである。そして、そこに必ず焼酎が出てくるのがなんとも島らしい。祝い事もお礼も交渉も仲直りも、すべてにおける島の大人の緩和剤なのだろうなぁ。

神様の洗濯

翌日、起きたら地面がうっすら白かった。霰《アラレ》だ。屋久島に雪が降ると、トカラ列島には霰が降ると昔から言われている。この日は、鹿児島市内にも115年ぶりに積雪があった大、大、大寒波の日だった。北風と小雨が吹きすさぶ平島の「大浦展望台」からは、お隣の諏訪之瀬島《すわのせじま》の雪化粧まで拝むコトができた。島のおじいちゃん（90代）も人生で諏訪之瀬島に雪が積もっているのを見たのは2〜3回ぐらいという。本当に稀有な日。そして、その翌日も私にとって更に稀有な日であった。

平島では、その日「羊の日」という行事があると言う。島内でトカラヤギは何頭も見かけたが、ヒツジは1匹もいなかった。なぜにヒツジ?! 平島では、年明けの最初の羊の日は「神様が洗濯をする日」なのだそうだ。……意味がわからない。山の上の「高原明神」から島の先端の「明神岳」の間に神様が金の竿をかけて洗濯物を干すという。その日は、ヘリポート辺りから東は神様の洗濯干し場なので立ち入ってはいけない。しかも、午前中はみな家事や仕事をやってはいけない日なのだという（ただし、現代の都合上フェリーとしまの荷役作業だけはOKらしい）。ちゃんと前日に「明日は羊の日です」という島内放送が真面目に流れてくる。ちなみに、島人だけではなく、島外からの工事関係者も仕事をしてはいけないのだそう。

伝統行事を現代生活の中で受け継いでいくのは、正直、かなり面倒だし大変なコトだ。でも、他にどんな行事があるんだろう? 神様のお風呂の日もあったりして（笑）と、いち観光客の私の興味は止まらない。平島の昔と今が混じり合うグラデーションのような時間の流れに、私はまた迷い込みに行きたくてしかたないのだ。

人生初の釣り in 平島

たいら荘の常連の釣り人さんふたりが仲よくしてくれて夜釣りにもお邪魔しました
ふたりとも福岡から来てるそう
酒呑んで夜風にあたり中
人生初の釣りをしてみんね？
竿どーぞ
へ!?
釣れるわけないけど…
せっかくやし形だけでも…
ひぃ〜〜っ
た…高いッ!! しかも真下に
黒潮ッ!!
落ちたら死ぬ…
絶対死ぬら!!
ドプン
――案の上
あっさりとエサを取られるコト2回…
!!
な…なんか来たッ
クイッ
クイッ
リール巻いて!!
お…
重くて巻けませんーーーッ
私が落ちるッ
グッ
グッ
余裕
自分で巻かないと釣ったコトにならんよ 竿持っててあげるから巻け
全然巻けないッス!!
ムリ〜
ドサッ
結局、釣り人さんに巻いてもらった
ピチ
ピチ
ピチ
「タルミ」という魚
じ…人生初の釣りでこんなでっかい魚が釣れてしまったッ
…しかも港から!!
う…うれしい♡
カンパーイ!!
トカラに釣りをしに来る人の気持ちがちょっとわかった気がしたのでした

島人NOTE ―平島―

日本の大都会・東京銀座生まれ育ちの人が、日本最後の秘境と呼ばれるトカラ列島へ嫁に来たッ！ しかも昔ながらの風習を他の島よりも色濃く残す平島へ！

不思議でステキなご縁だなあと、おふたりに会う度に毎度毎度 思うのです。


また手も繋いだコトもない時に結婚を決めました（笑）

人生予想もしなかったコトが起こるッ（笑）

日高 良一さん

実家は代々、平島の**神役を務める家系。**

長男しか継げない神役を継ぐため島へUターンする。

Uターン後に**漁師**になる。師匠は「たいら荘」の満男さんなんだとか。

日高 明子さん

東京は銀座の生まれ育ち。2009年の皆既日食の時にトカラに通う知人の紹介で平島を訪れたのを機に何度も島を訪れる。

元トライアスロンのプロ選手。ライフセービング※では世界大会に出場。

ヨガのインストラクター等の資格を持ち、結婚後も**東京と平島を行き来しながら仕事を続けている。**

パワフル姉さん♡

平島の諸々の行事に欠かせない**なます＋刺身。**
島で**昔ながらの式**を挙げたのだそうです―♡

出雲大社へマコモダケを奉納

平島の神社と出雲大社は、近しい家系らしく、ふたりの結婚報告も、出雲大社へ正式参拝しに行ったそう。また、良一さんは島の休耕田でマコモダケを栽培していて、毎年6/1に出雲大社で行われる**「涼殿祭《すずみどののまつり》（マコモの神事）」**で**平島産のマコモダケを奉納**しているそうです。
平島と出雲大社との縁も 不思議でステキ☆

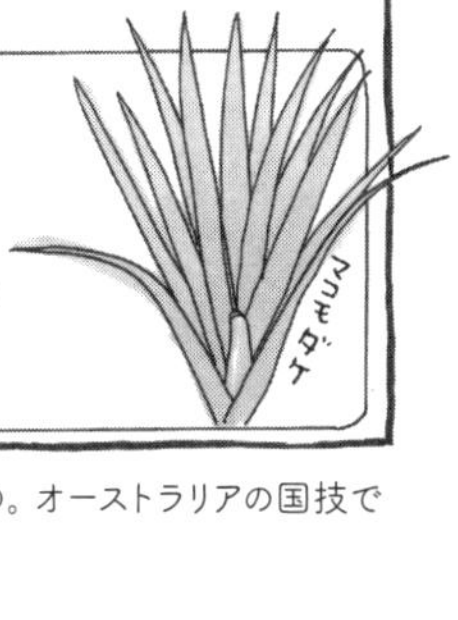

※水難事故防止等の社会活動であるライフセービングの訓練や技術をスポーツにしたもの。オーストラリアの国技でもある。

5

悪石島

akusekijima

来訪神が現れる神秘の島

ノンゼ岬
中岳
(443.3)
ビロウ山
(336.4)
根神山
悪石島出張所
<乗船券発売所>
上集落
ヘリポート
开八幡宮

DATE

面積	7.49㎢
周囲	12.64km
最高点	584.0m
人口	77人(H29年5月現在)

悪石島は 有川 姓の人が多いよ

焼畑が行われていた島

大名タケノコを採った後、そこを焼いて畑にし、粟を作り、翌年は、また、タケ山に戻すという農法を行っていた。

この農法、タイ・ラオス・ベトナムの山岳地帯と共通するんだそう。

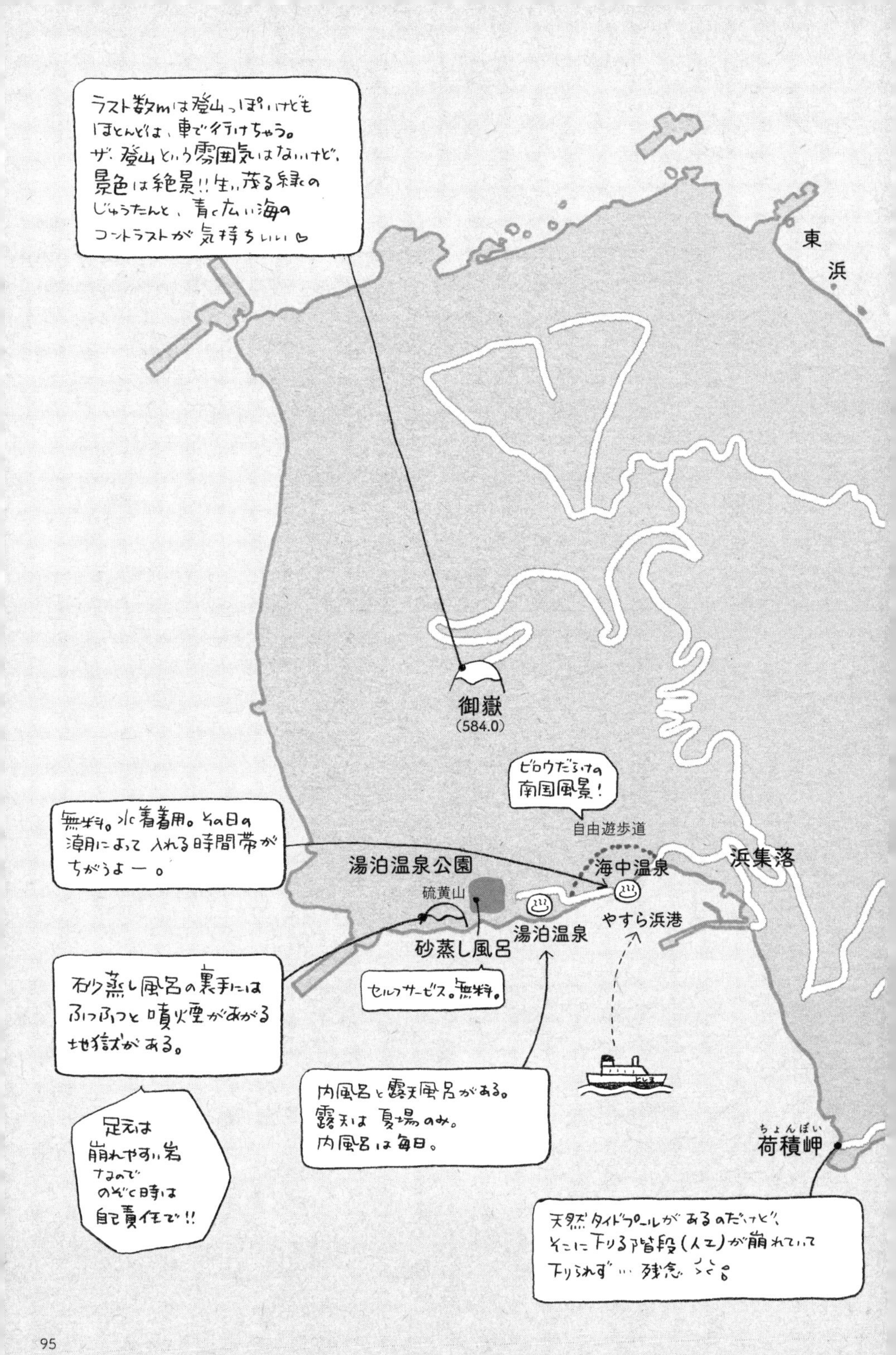
ラスト数mは登山っぽいけども
ほとんどは、車で行けちゃう。
ザ・登山という雰囲気はないけど、
景色は絶景!!生い茂る緑の
じゅうたんと、青く広い海の
コントラストが気持ちいい♡
東
浜
御嶽
(584.0)
ビロウだらけの
南国風景!
自由遊歩道
無料。水着着用。その日の
潮によって入れる時間帯が
ちがうよー。
湯泊温泉公園
海中温泉
浜集落
硫黄山
砂蒸し風呂
湯泊温泉
やすら浜港
砂蒸し風呂の裏手には
ふつふつと噴煙があがる
地獄がある。
セルフサービス。無料。
内風呂と露天風呂がある。
露天は夏場のみ。
内風呂は毎日。
足元は
崩れやすい岩
なので
のぞく時は
自己責任で!!
荷積岬《ちょんぼい》
天然タイドプールがあるのだけど、
そこに下りる階段(人工)が崩れていて
下りられず…残念。

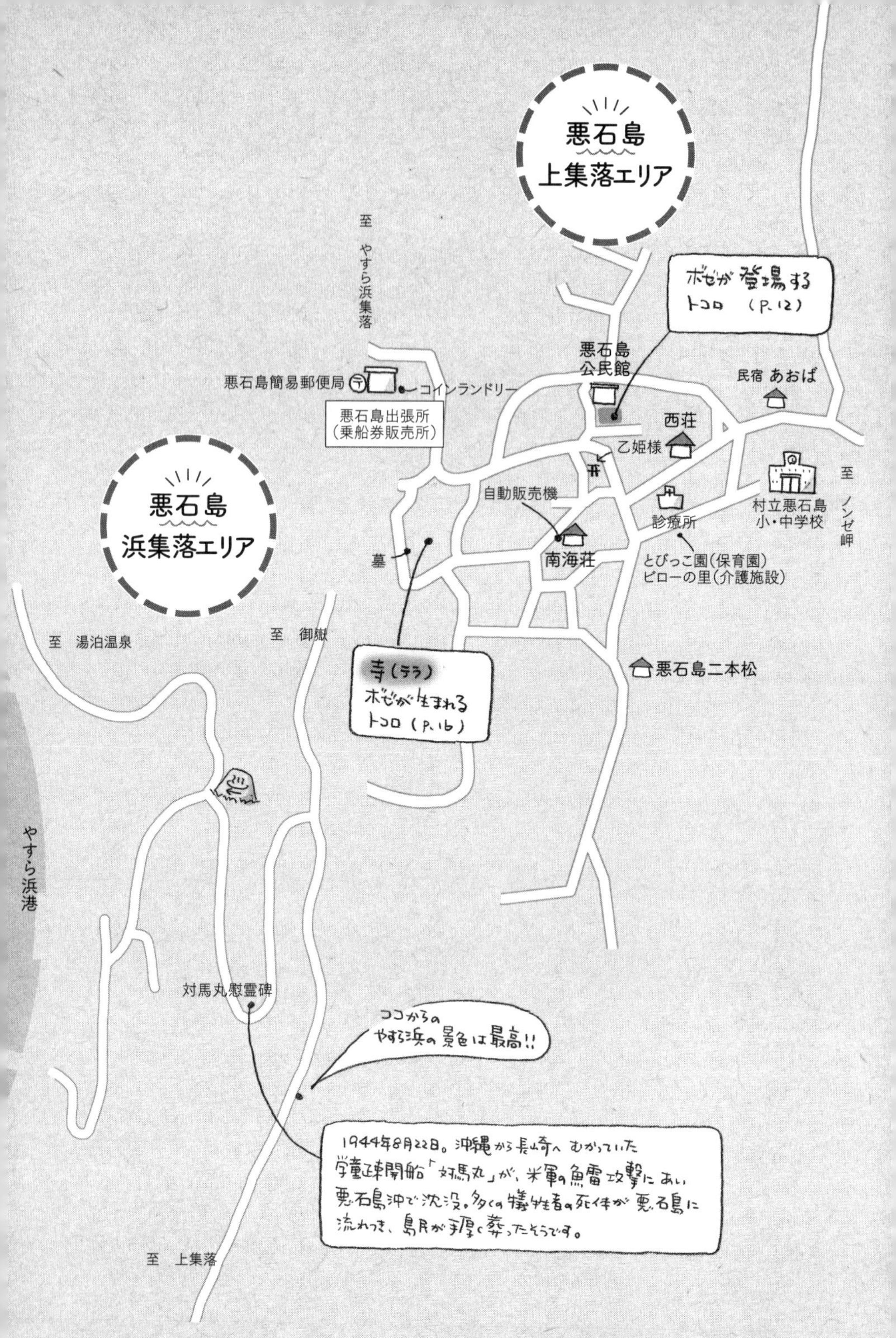
悪石島
上集落エリア
至　やすら浜集落
ボゼが登場する
トコロ　（P.12）
悪石島
公民館
悪石島簡易郵便局
コインランドリー
民宿 あおば
悪石島出張所
（乗船券販売所）
西荘
乙姫様
至　ノンゼ岬
村立悪石島
小・中学校
自動販売機
診療所
悪石島
浜集落エリア
墓
南海荘
とびっこ園（保育園）
ビローの里（介護施設）
至　湯泊温泉
至　御嶽
寺（テラ）
ボゼが生まれる
トコロ（P.16）
悪石島二本松
やすら浜港
対馬丸慰霊碑
ココからの
やすら浜の景色は最高!!
1944年8月22日。沖縄から長崎へ むかっていた
学童疎開船「対馬丸」が、米軍の魚雷攻撃にあい
悪石島沖で沈没。多くの犠牲者の死体が悪石島に
流れつき、島民が手厚く葬ったそうです。
至　上集落

悪石島ホカホカ温泉ツアー

「悪石島《あくせきじま》」。「悪」という文字が強烈に目に飛び込んでくる。なんだか、おどろおどろしい雰囲気を醸し出しているかのような島名。たぶん、一度聞いたら忘れない。２００９年7月22日。皆既日食が最長時間観測できる場所として、一躍その名が全国に知られるようになった。結局、当日は暴風雨に見舞われ、この島での日食は観測できなかったらしい。そもそも日食以前に、人口70人ほどの島におよそ４００人もの観光客が一気に押し寄せるコト自体、キャパオーバー。人ゴミが苦手な私は、想像するだけでぐったりしてしまう。

そんなぐったり疲れには、やっぱり温泉がいい（唐突!）。日本人はなぜ、歳を重ねると温泉を求めるようになるんだろう。富士山を見るとテンションが上がる現象と同様に、遺伝子に組み込まれているとしか思えない。トカラ列島の島々の温泉は、基本的に室内にある銭湯風なモノ（レトロではない）がほとんど。だが悪石島の温泉は、なにやらバラエティに富んでいるのだ。

温泉と言えば、まずはやっぱり露天風呂。私の中で温泉の花形さんである。しかも、悪石島では海を眺めながら入れると言うではないか！　宿がある「上集落」から下り坂をてくてく30分ほど歩き、「浜集落」の近くにある「♨」が白字で書かれた岩を通り越し、さらに下ったトコロに白い建物がある。

ココは室内温泉の「湯泊温泉」だ。その外側、海岸に面したコンクリートの小さな建物に「女湯」の文字が。こちらがお目当の露天風呂。ちゃんと男湯と分かれていて、うれしい。目隠しらしき黒い布がややボロボロで、露天風呂が丸見えなコトが気になりつつも、小走りで近づく。いかにも〝露天風呂です〟という石が積み上げられ、硫黄泉で褐色に色づいている。目の前は、な〜んにもない広い七島灘！　視界の左端にはフェリーとしまが入港する「やすら浜港」が小さく見える。ところが……、〝ない〟のである。湯舟の中に、湯が一滴も入ってない！　すっかり干上がってしまっている。代わりにムギチョコのようなヤギの糞がところどころにコロコロと。えぇえぇ、ココに来る途中で出会いましたよ、ヤギファミリーの御一行様に（涙）。「露天風呂は4月のGWから9月末頃までやってるんですよ」と、後から島人に聞いた。そりゃそうだ。入る客がいないのに掃除して湯を入れるなんて、まったくもって意味がない。目隠し用の布が雨風にやら

れてボロボロになってるのも当たり前……、オフシーズンだもの。

気を取り直してお次は「海中温泉」へ！　潮の満ち引きで温度が変わるため、「島の人にちょうど良い湯加減になる時間を聞いてから行くように」とガイドMAPにあったので、その通りに行動した。「この間の台風で大きい岩が温泉の中に入ったからな～、どうだろう」という宿の人の最後の一言が、ちょっぴり気になりつつも。

海岸沿いにあるため、水着必須の海中温泉。近くに着替えるトコロはないので、服の下に水着を着て宿を出た。海岸に白文字で「♨」が書いてある岩を探す。その辺りに海中から熱湯が沸いていて、冷たい海水と混ざり合ってほど良い湯加減になるという。

ザッパ～ン！

温泉が湧いているらしき目の前の海からは、なんだか冬の日本海のような波しぶきが正面から来るのだが、気のせいだろうか……。11月上旬。天気は曇り。風は少し強め。岩に脱いだ服を置いて鳥肌が立ちつつも、温泉が湧いているらしき場所目掛けて海へ！　……どこに熱湯が沸いているのでしょうか?!　かすかに温かいトコロがあるものの……さ、寒い！　滝行ならぬ海水行状態である。修行僧の域には到底辿りつけない一般庶民な私は、5分ももたないまま陸に逃げてしまった。

おとなしく室内の「湯泊温泉」※1へ向かうコトにする。ココは島人も毎日入っていて、当番制で掃除をしているのだとか。褐色の湯船でホワワ〜と硫黄の香り。子どもの頃は、腐った卵の匂いなどと言っていたけれど、大人になると身体の疲れをとってくれる、ありがたい香りだ。湯舟の回りもすっかり褐色に染まっている。やっとこさ、ホカホカの温泉に浸かれる〜と、冷えた身体を湯船にチャプン……。……ん?……あれ?　冷たいんですけど。これ、いかに?!　海中温泉に比べればいくぶん温度はある。それでも期待していたポカポカさには程遠く、これまた数分で上がってしまった。

ところが、である。脱衣所で着替えを始めた頃、身体の芯からポカポカし始めたのだ。え?　何?　温泉効果?!　しかも、宿に戻ってもポカポカは持続。そ

※1：入湯料200円。開泉時間は15〜21時。夏はブヨに注意。

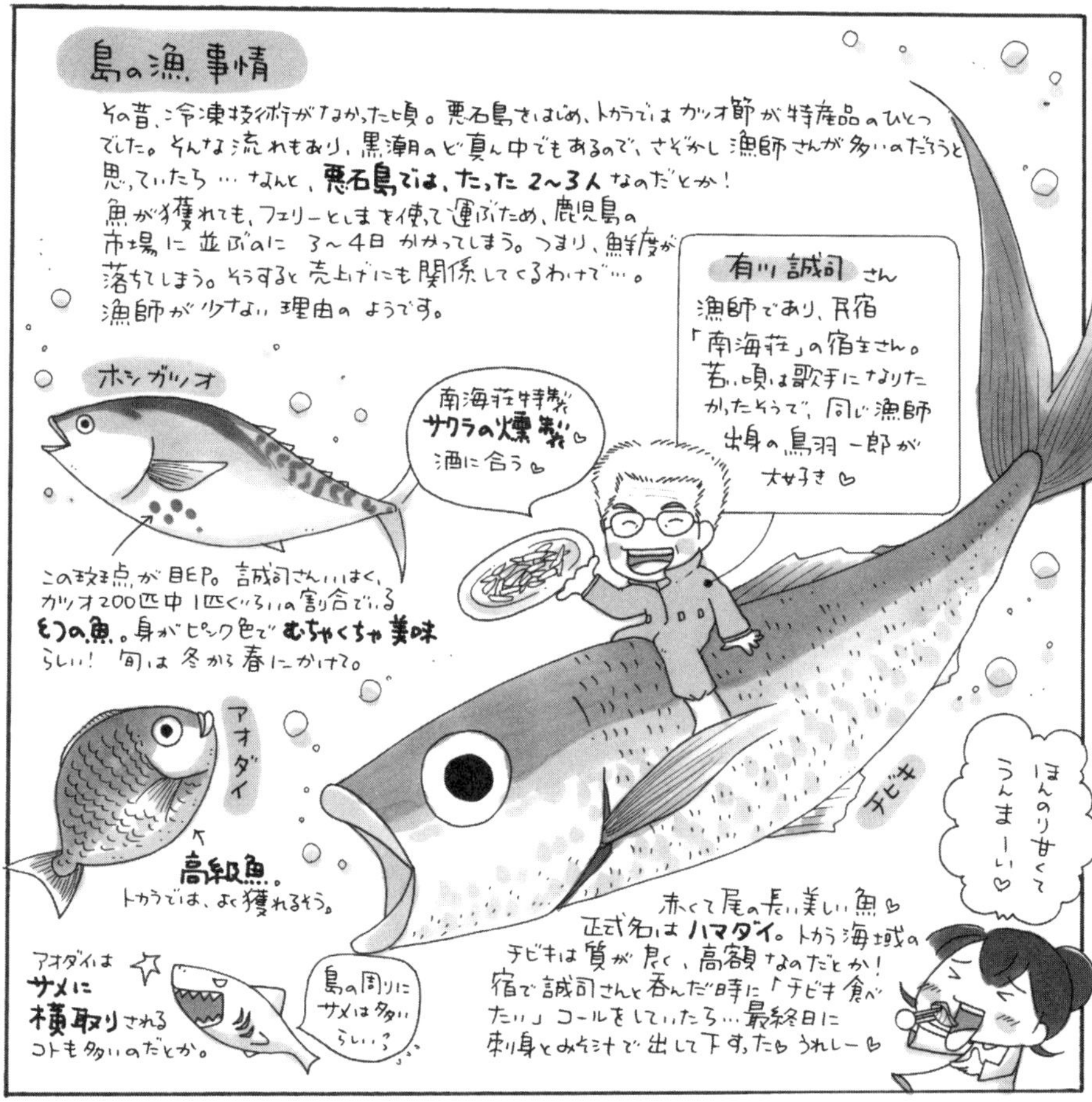

※南海荘の詳細はP140参照

ういうタイプの温泉なのか？　島の人にこのコトを話したら「いつも湯はあったかいんだけど、機械の調子が変だったのかな」とのコト。そのお陰で、温泉の底力を見せつけられるような身体の変化を体験してしまった。すごい！　あっぱれ！　湯泊温泉！

4度目の正直!? 今度こそ、ホカホカツアー

さて、残すはあと一つ。「砂蒸し風呂」だ。砂蒸し風呂は、かつて東京都の新島で1回入ったきり。しかもその時はスタッフさんがいて、至れり尽くせりだった。だがココは人口70人ほどの絶海の孤島。当たり前だが、セルフサービスである。困った。やり方がよくわからない……。そこで港で仲良くなった島のおばちゃんを誘ってみた。ちょうど「砂蒸し風呂に行きたいな〜」と、おしゃっていたのでここぞとばかりに。

砂蒸し風呂は、湯泊温泉の先にある芝生の広場の奥にある（ちなみにこの広場もムギチョコがそこいら中にいっぱい……笑）。簡単な屋根とヤギが入って来ないように木の柵で囲われていた。背後には、硫黄の噴煙がチョロチョロと空に向

かっている。

「土を掘り返した方が底のあったかいのが出て来るから」

おばちゃんは、備え付けのスコップとトンボで砂を掘り返してならす。その上に持参した毛布を敷いて寝転ぶ。これで完璧。

「あ、サツマイモと卵も温めたいです〜」

おばちゃんにもらった生卵と、中之島の宿でもらったサツマイモとを埋めてもらった。港を散歩している時に「今晩のおかず」と言って防波堤から釣りをしていたのがこのおばちゃんだった。「暇だからいつも釣りしてんの」と、丸い顔を幸せそうにクチャッとしてケラケラッと笑う。クーラーBOXには、何やらカラフルな熱帯魚も入っていた。コレも食べるらしい。意外と美味いんだとか。

さて、砂蒸し風呂。おばちゃんは2時間ほど夢の中へ。私は途中から、せっかくトカラまで来たのにじっと寝転

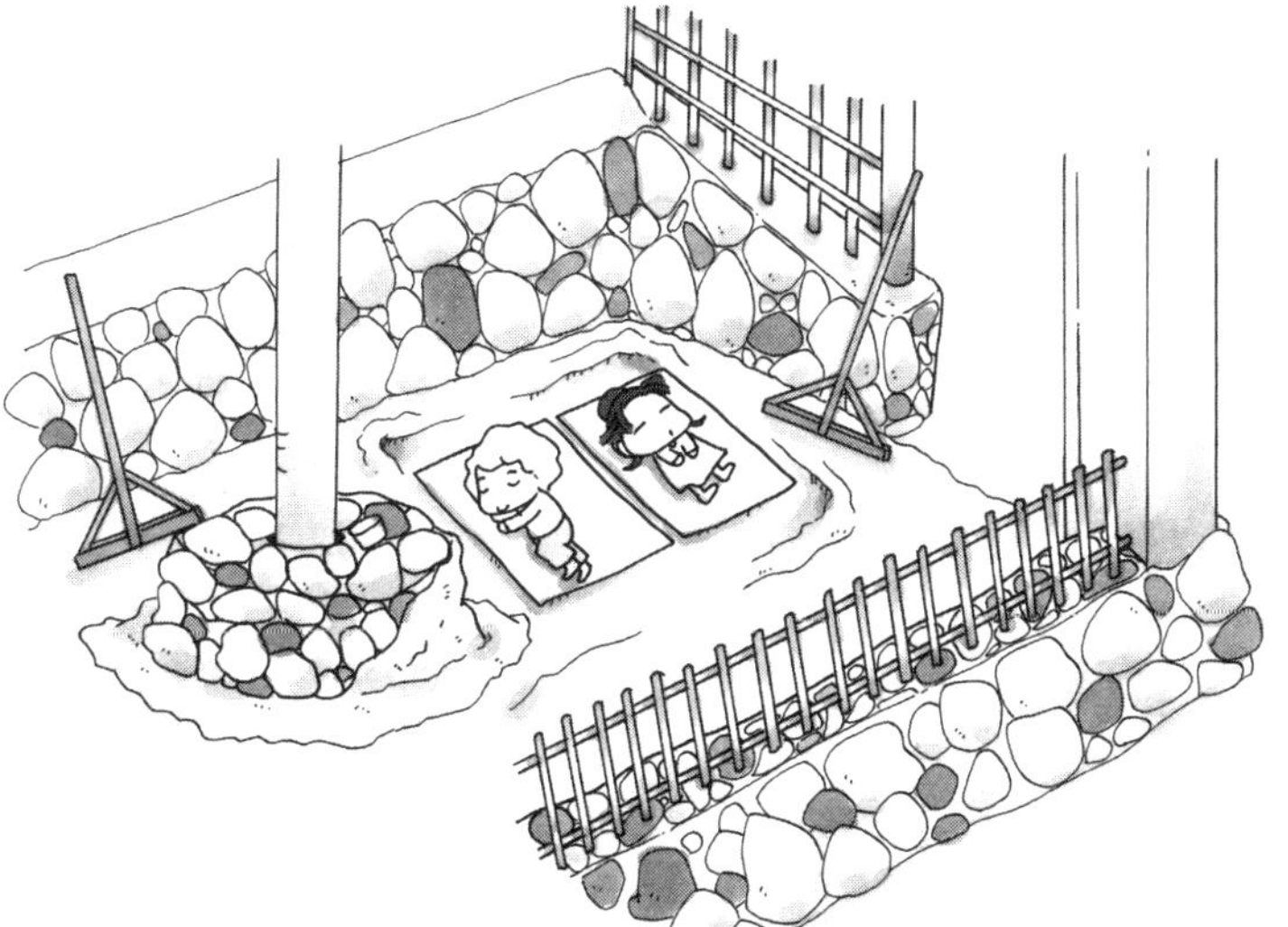

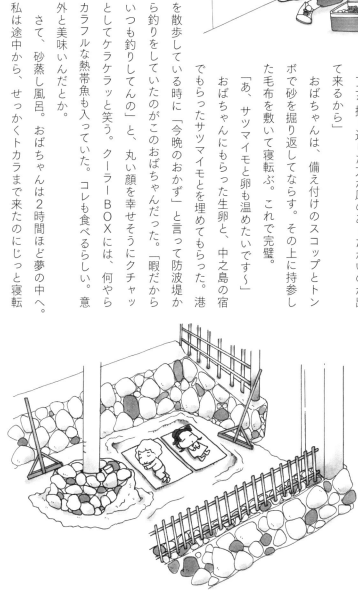

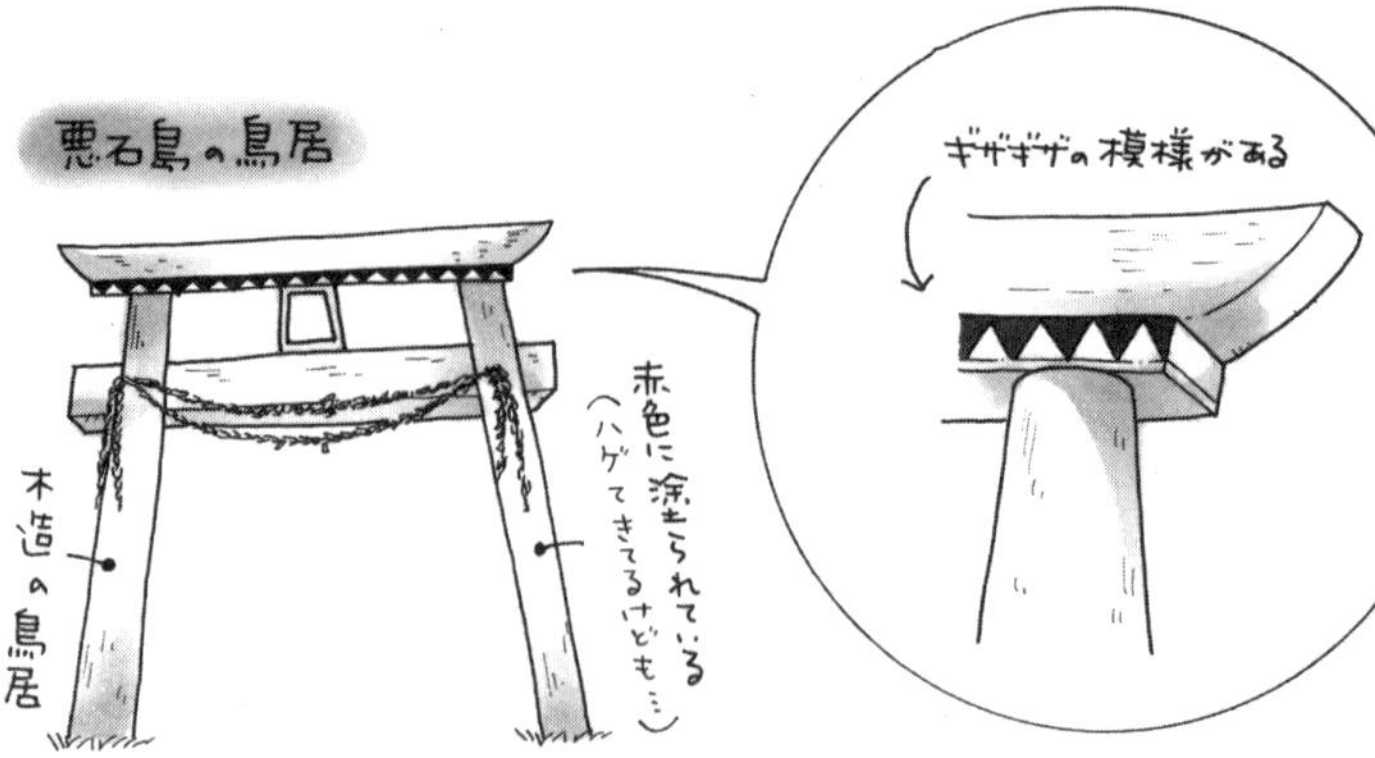
悪石島の鳥居
ギザギザの模様がある
赤色に塗られている（ハゲてきてるけども…）
木造の鳥居

ギザギザの模様（鋸歯紋《きょしもん》）は、太平洋の島々や東南アジアの村の風習と共通するそう。
サメの歯を表しているそうで、悪いモノが入って来ないように守り神のような意味があるのだとか。

んでいるのがなんだかもったいなくなり、背後の硫黄の噴煙を覗きに行ったり、ウロウロウロ……。結局、寝転んでいたのは30分ばかし。砂蒸し風呂が身体に効き目があったのかどうか、何とも言えない。が、おばちゃんの目覚めは、とってもスッキリとして気持ち良さそうだった。痛めていた膝も楽になったとか。そうそう。埋めてもらった卵は、とぅるんとぅるんの半熟温泉卵に♪　というコトは、必然的にサツマイモは……半生。芋を蒸かすほどの熱量はない様子。ちょっぴり残念。

　私の〝悪石島ホカホカ温泉ツアー〟は、ほぼ未完で終わってしまった。だけど、こういう時に旅仲間の間で必ず言う一言がある。「またココ（＝島）に来いってコトだよ」。それを心の中で何度も繰り返し、自分の心をなだめる私。

　次こそはオンシーズンに、ムギチョコではなくホカホカの湯が溢れる露天風呂に浸かるのだ！と、誓うのだった。（余談。２度目の悪石島訪問はオンシーズン中。旧盆にボゼ（12P）を見に行った。だが、ボゼの後の宴の楽しさにハマってしまい、温泉どころではなく。誓いは未だ果たされていないのである……うむ。）

島人NOTE —悪石島—

トカラの島々では、島内を歩いていても、島人に出会うコトが少ない（人口多めの中之島＆宝島は別　）。

1番出会うのは、フェリーとしま船内。

船で出会った人の島に降り立った時にはその人を訪ねます。

悪石島の有川幸則さんも、そのひとり。

ご夫妻そろって　とってもフレンドリー！

島に知り合いが　できると、
遠いトカラ列島も、なぜか**ぐっと近く**
感じるから　ふしぎ♡

有川　幸則さん

フェリーとしま船内で声をかけてくれた　おっちゃん。

畜産業をしたり、依頼された島内の道路工事をしたり…

日々　お忙しそうッ!!

すえこ さん

幸則さんの奥さん。

お隣の平島出身。

悪石島に嫁いだ姉を訪ねた時に幸則さんと出会ったのだとか。

私が出会った悪石島の人の中で　たぶん1番元気印な　おばちゃん♡

島の畜産事情

島内の共同牧場に種牛がいて、子牛が産まれたら母子で自分の牧場に連れてくる。子牛が飼料を食べはじめる2ヵ月目ぐらいに母子を離す。そして、子牛は10ヵ月したら、鹿児島に運ばれ　セリにかけられる。

この状態で、ずっと立ったまま
フェリーとしまで何時間も
揺られて運ばれる牛さんたち→

6

小宝島

kodakarajima

小宝島は
岩下姓の人が
多いよ。

日本最後の艀《はしけ》「小宝丸《しょうほうまる》」が置いてある。1990年4月まで使われていたよ。

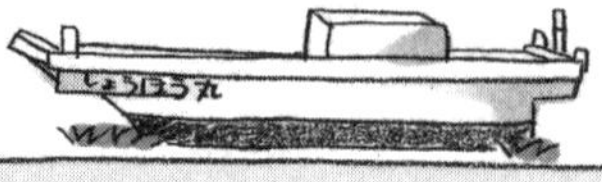

港が整備される前
定期船が接岸できず
船から陸まで、艀(小舟)を
使って、人や物、牛を運んでいました。

うね神が見守る奇岩の島

DATE

面積	1.00㎢
周囲	4.74km
最高点	102.7m
人口	53人((H29年5月現在)

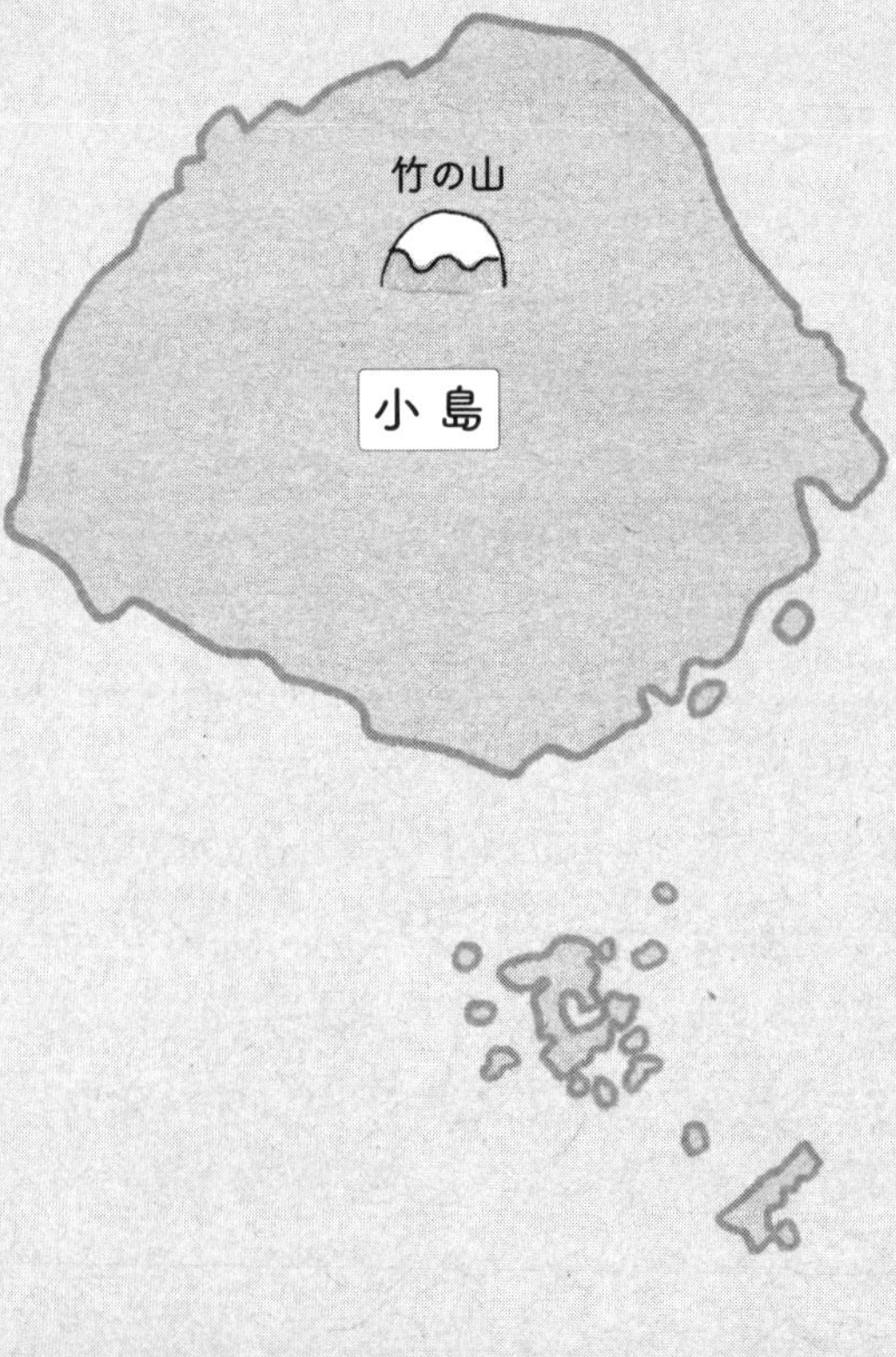

小宝島は
トカラの有人島で
唯一平たんな島。
周囲約4kmで
とっても小さいよ。

一周道路を使った
島内一輪車大会も
あるらしい!!

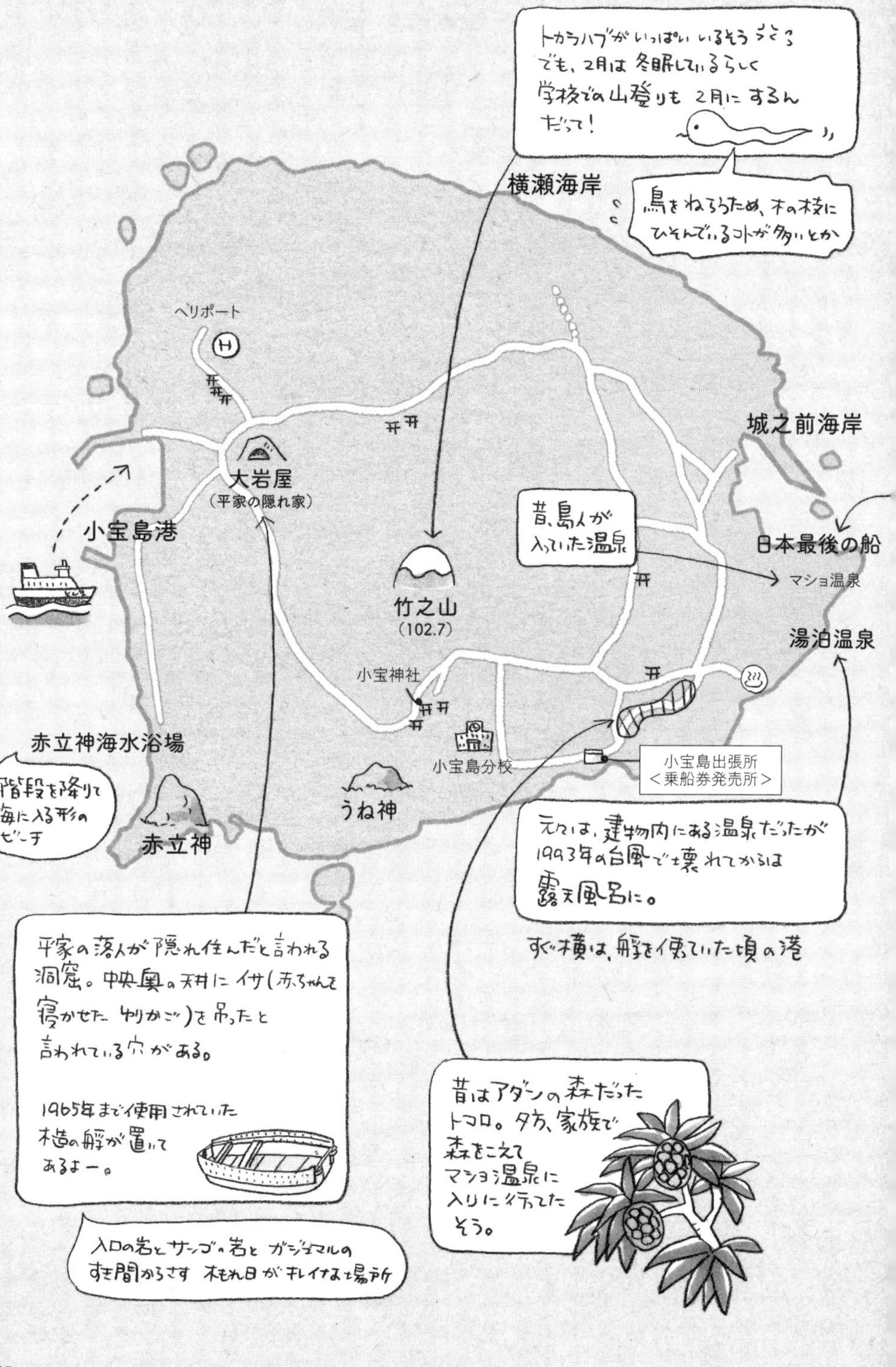

トカラハブがいっぱいいるそう
でも、2月は冬眠しているらしく
学校での山登りも2月にするんだって！
鳥をねらうため、木の枝にひそんでいるコトが多いとか
横瀬海岸
ヘリポート
城之前海岸
大岩屋
（平家の隠れ家）
小宝島港
昔、島人が入っていた温泉
日本最後の船
マショ温泉
竹之山
（102.7）
湯泊温泉
小宝神社
赤立神海水浴場
階段を降りて海に入る形のビーチ
小宝島分校
小宝島出張所
＜乗船券発売所＞
うね神
赤立神
元々は、建物内にある温泉だったが1993年の台風で壊れてからは露天風呂に。
すぐ横は、艀を使っていた頃の港
平家の落人が隠れ住んだと言われる洞窟。中央奥の天井にイサ（赤ちゃんを寝かせたゆりかご）を吊ったと言われている穴がある。
1965年まで使用されていた木造の艀が置いてあるよー。
昔はアダンの森だったトコロ。夕方、家族で森をこえてマショ温泉に入りに行ってたそう。
入口の岩とサンゴの岩とガジュマルのすき間からさす木もれ日がキレイな場所

小宝島 集落エリア

昔の井戸

昔は雨の少ない島だったそうで
井戸を掘ってたそう。島が海抜
7〜8mと低いので、
井戸で水が減ると庭の方の
水は海水がまじって塩分が
濃かったとか!

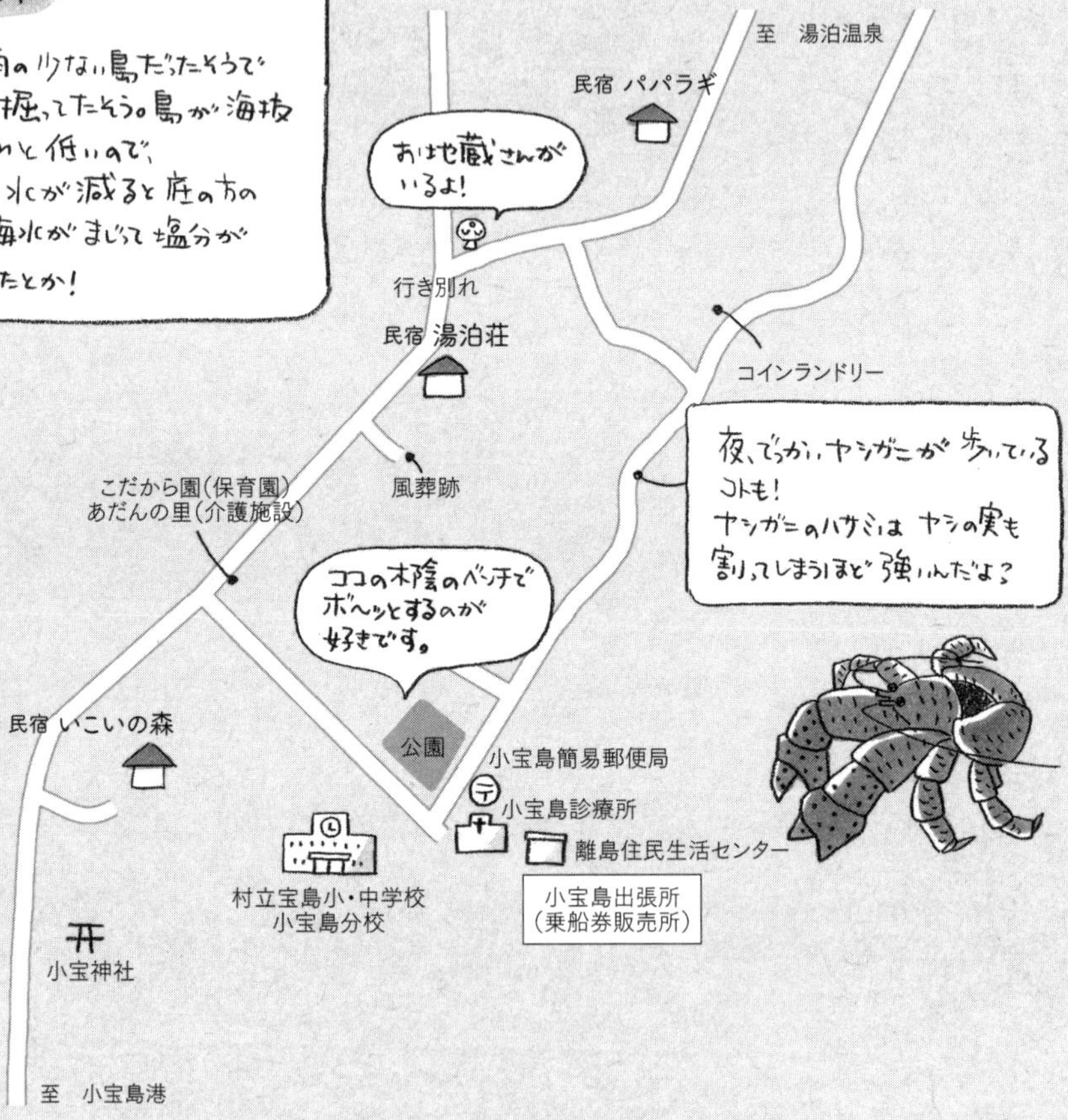

一日のシメは海沿いの温泉で

……暇だ。とてつもなく暇である。ココ、小宝島《こだからじま》はトカラ列島の有人島の中で一番小さい島。周囲たったの4．74キロメートル。30分もあれば外周道を歩いてぐるっと1周できてしまう。小宝島は、海上から見ると妊婦さんが横たわっているような形をしている。お腹部分が島内で一番高い「竹之山（102．7m）」。頭の部分が「うね神」[※1]と呼ばれる聖なる巨岩。その2カ所を除けば真っ平らな地形なので、歩いて疲れ果てるコトもない。[※2]そんな島に、私は今日から3泊する。が、着いて早々に島1周探検も済んでしまった。時間にして約1時間。早すぎる終焉だ。人口50人ほどのこの島は、ウロウロしても島人にほとんど出会わない。何度腕時計を見ても時計の針が微々たる角度しか進まない。違う意味で疲れ果てて、診療所で休憩させてもらった。私、前職が看護師というコトもあり、島の診療所にはついつい引き寄せられてしまうのだ。

※1：隆起サンゴでできた小宝島で、一番大きな奇岩。この島を見守る神様のような存在。

※2：かつては大型船が接岸できる港がなかったので、船を沖に停泊させ、はしけ（艀／運搬用の平底の舟のこと）で人や荷物を積み下ろしていた。小宝島はその地形から、平成2年に定期船が接岸できるようになるまで、国内の定期航路では最後まではしけ作業を行っていた。

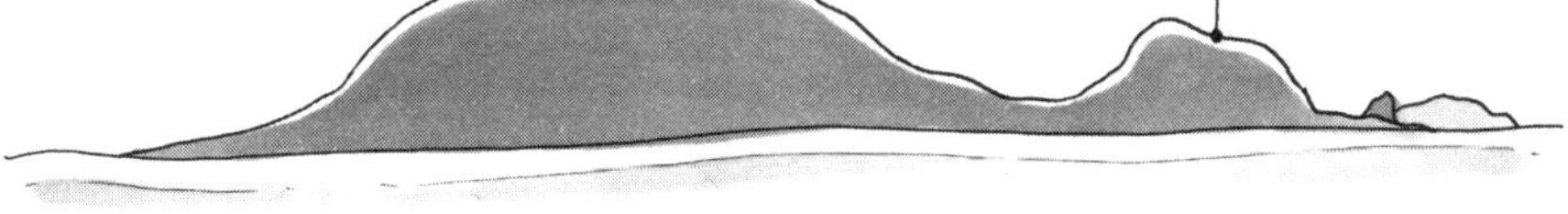

トカラ列島の島の診療所は基本医師がおらず、看護師1名のみが常駐している。しかもこの日は、島在住の看護師さんが所用で鹿児島に上っているため、鹿児島市内にある十島村役場から臨時で来ていた看護師さんが留守番をしていた。患者さんは誰もいない。待合室には私だけ。しつこいようだが、ココに来たって、やっぱり暇だ。

「年配の人向けに体操講座をするけど、よかったら一緒にどうですか?」

見かねたのか、看護師さんが声をかけてくれた。願ったり叶ったり! やっと島の人に会える～、万歳! 「ぜひ!」と即答したのは言うまでもない。大好きなお菓子をもらった子どものように瞳をまるまるキラキラと輝かせながら。

参加者は60～70代ぐらいの男性3名。埼玉からUターンして来た人、大阪からUターンしたコテコテ関西弁の人、物静かなIターンの人。看護師さんの動きを見本に、みんなで一通り身体を動かした後、ちょっとした茶話会が始まった。

「温泉はもう入った? 手前のキレイな方は最近造られた温泉でな～。昔からの温泉はその奥にあるんや。子どもの頃は、日中畑仕事やらして、夕方家族みんなで歩いて温泉に行ったもんや。島中のみんなが来てワイワイやっとたわ」

「夏なんか汗だくやけど、温泉に入ったらさっぱりしてね～」

観光客である私への島自慢から懐かしい想い出話まで、話に花が咲く。1日に一度、島中の人が集う場所だった温泉。たくさんの笑い声とお互いの背中の流し合いっこ。まさに裸の付き

※3：漁業従事者用に履かれていた樹脂製ビーチサンダルのこと。カラフルで、安くて、機能的。

合い！　できることなら、私もその場にタイムスリップして混ざりたいぐらいだ（あ……水着着用希望です）。

翌日、昔の温泉「マショ温泉」まで行ってみるコトにした。「湯泊温泉の海岸をずっと歩いて行くと着く」と言われたままに進む。砂浜ビーチのようなトコロを行くのかと思いきや、でっかい岩がゴロゴロ！　時々、ギョサン※3と足裏がズルッとずれたり、足首をひねりそうになったり……。昔は風呂に入るにも一汗かいたものなのだ、きっと、たぶん……。そう言い聞かせながら、かすかな不安を抱えつつ、えっちらおっちら歩くこと数分。岩だらけの海岸の奥に湯が入った大きな穴が3つ。その周りにゴロゴロ岩はなく、グレーの石灰の壁が広がり、ちょっとしたプライベートスペースのようになっていた。

どうやら、ココがマショ温泉らしい。振り向くと、黒潮が流れる大海と、人工物がどこにも見えない大きな空。チャプチャプと波の音以外何も聞こえず、私以外誰もいない静か

マショ温泉

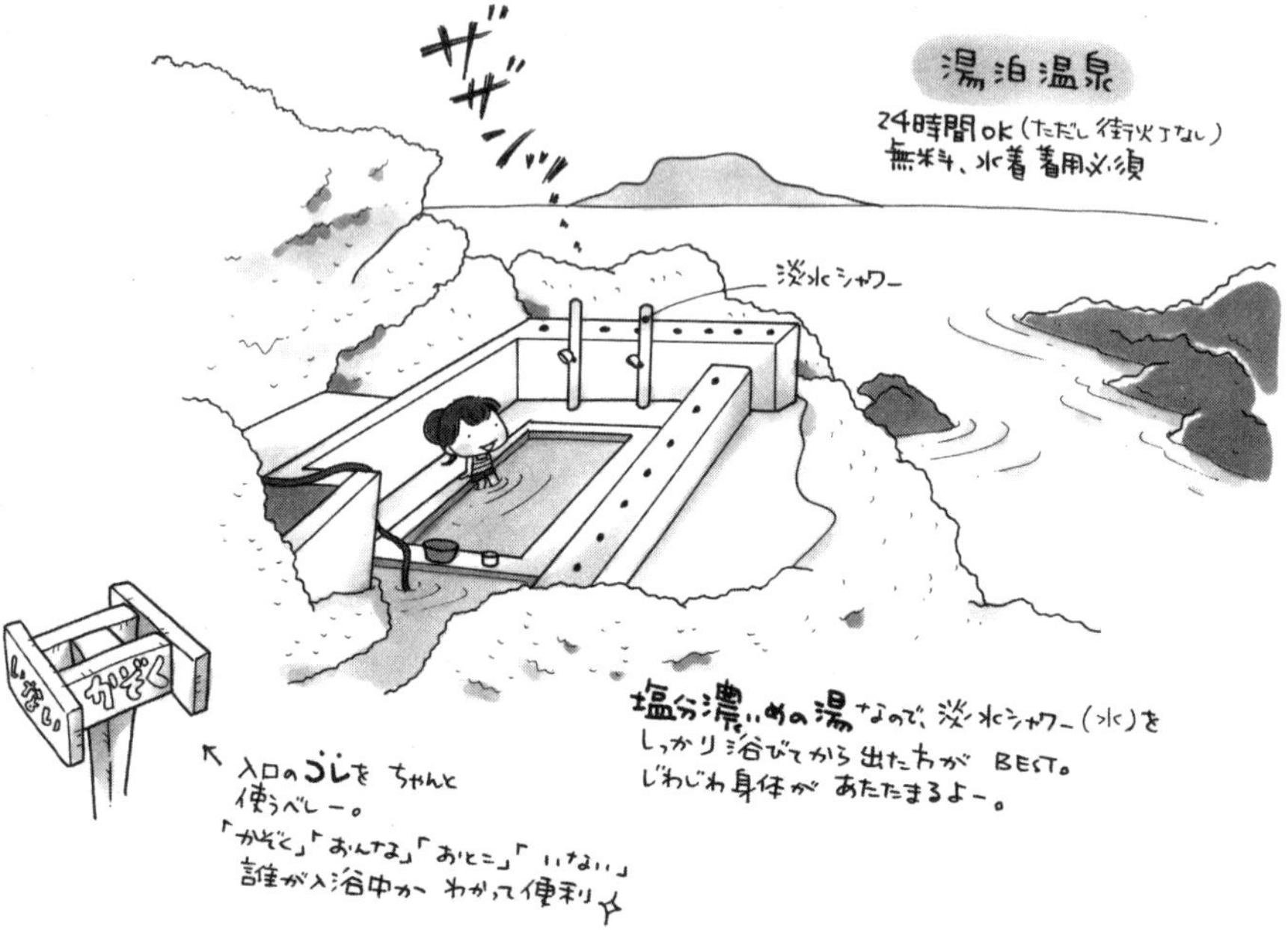

な場所。今は、温泉としては使われておらず、塩作り用の海水として利用されている。けれど、おっちゃんたちが子どもの頃、1日の終わりを湯に浸かりながらこの海と空をみんなで見上げたのだろうなぁ。今の世の中では考えられない贅沢な1日のシメ。自分がその時代に生まれなかったコトが、ちょっと悔しい。

一番奥の穴に塩作り用の海水を引くポンプが浸かっており、そこからホースのようなモノが石灰の壁を越え、草むらに続いている。どこにつながっているんだろう?トテトテとホースらしきものを辿って行き、草むらをかき分けて

地面にチョウチョがいっぱい!!
網ではなく、虫カゴを逆さにして捕獲中ッ。
公園のクワの木から落ちた実の密を吸うために
チョウ(ルリタテハ)が 地面にいるんです。

抜け出ると……そこは、島の外周道路だった。実は意外と近いトコロにあったマショ温泉。ねんざに怯えながらゴツゴツ岩を渡り歩いたあの時間はなんだったのか……(汗)。

子どもは島の希望

翌日、これまた暇である。毎日診療所にお邪魔するのは申し訳ないので、今日は診療所の道向かいの公園でボーッとしてみるコトに。診療所の対角(つまり、公園の道向かい)には小宝島小中学校がある。校舎からジャージ姿の先生が2〜

※4:トカラ列島の臥蛇島（がじゃじま）は、昭和45年7月に全島民が移住し無人島になった。

※5:神との交信を通して、島の祭祀や人々の不安除去に対応してきたトカラのシャーマン。

3人出て来て、道路のコンクリート（アスファルトではないのが離島らしいポイント）に石灰が入った赤いライン引き機でコロコロと線を引き始めた。聞けば、これからスポーツテストを行うのだそう。学校のグラウンドが小さいので、50メートル走は外の道路を使うのだ。え、車？ほぼ通りません！　なのでまったくもって安全♪　近くの家から子どもたちの親が数人、様子を見に出て来る。体操着に着替えた子どもたちも校舎からわらわらと集まってきた。いやいや、これは驚き！　こんな小さな島なのに10人ほども子どもがいるではないか。が、よくよく聞くと、ほとんどは学校の先生の子どもたちで、本当の島の血を継ぐ子は2人ほどなのだという。

トカラ列島の小中学校の先生は、みんな鹿児島県から数年間赴任する。その際、たいていは小中学生の子どもをもつ先生が家族連れでやって来る。なぜなら島の小中学校を存続させるため。通う子どもがいなければ、島の小中学校は廃校になってしまう。学校がなければ、子どもの小学校入学とともに家族一同、島から出てしまい、それっきり島に帰って来ない……というコトも。そうすると、島民全離島※4にもなりかねない。離島。つまり、まだ住む家があるのに、住む意思もあるのに、故郷を追い出されてしまうのだ。事実、小宝島小中学校は、一世代前に一度閉校になっている。

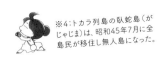

「子どもの声が島に響かんというのは何とも言えん寂しさやった」

話して聞かせてくれたのは、島の「内侍《ネーシ》※5」の一人ミヨばあだ。

ミヨばあのお孫さん（現在30代ぐらい？）が小学校に上がる時、学校が閉校してしまい、本人

＊固有種とはその地域にしか生息しない生物学上の種のこと

は仕方なく、鹿児島市内の学校へ通うコトに。ところが、しばらくして中学担当の先生が見つかれば、お孫さんが中学校に上がると同時に学校が復活できるかもしれないという話が湧き上がる。お孫さんはもちろん飛びついた。「島に帰りたい！　島の学校を卒業したい！」と。だが、行政の先生探しは消極的で、遅々として進まず。とうとうミヨばあがお孫さんのために立ち上がり、ズズズィッと行政に詰め寄ったのだそう（ミヨばあに言われたら「うん」と言ってしまいそう！↑誉めてます！）。九州に住むお孫さんのいとこも「島の学校が復活するなら通いたい」と援護射撃。一人だけでなく後に続く生徒がいるというコトで、やっとこさ念願の小宝島小中学校再スタートにこぎつけたのだった。

「学校にも、家にも、子どもの声がするのはいい」

椅子に両足を上げ、煙草の煙をくゆらせながら、遠くを見つめるミヨばあ。厳しい絶海の孤島でずっと生きてきた誇りが、日焼けした肌とシワの1本1本に刻まれていて、なんだか、かっこいい。〝子どもの声が島にある〟というコトは、その島にこれからも人が住み続けられるという小さくて大きな希望なのだと思う。

トカラの大名タケノコ

4月〜6月頃、トカラ列島の人たちは大忙しなのです。**大名タケノコの収穫**にッ!!
竹（琉球寒山竹）におおわれたトカラの山々。必然と初春からタケノコがニョキニョキと顔を出す。数日間採り続け一年分のタケノコをストックするのだそう。

小宝島のタケノコは島のみんなのモノだから、自由に採っていいんだよ。
（他の島も島民に話をすればOKだそう）
悪石島や諏訪之瀬島には、タケノコ採り＆販売を本業にしている人もいるよ。
小宝島の島人

小宝島の**タケノコの宝庫**は島のほぼ中央にある その名も**竹の山**（約102.7m）。

だがしかし!!

竹の山には**トカラハブ**が**うじゃうじゃ**いる場所でもある。
トカラハブは毒性は低いものの、**血清がない**ため、かまれたら高熱で1週間は寝込むというウワサ。 ヒィッ

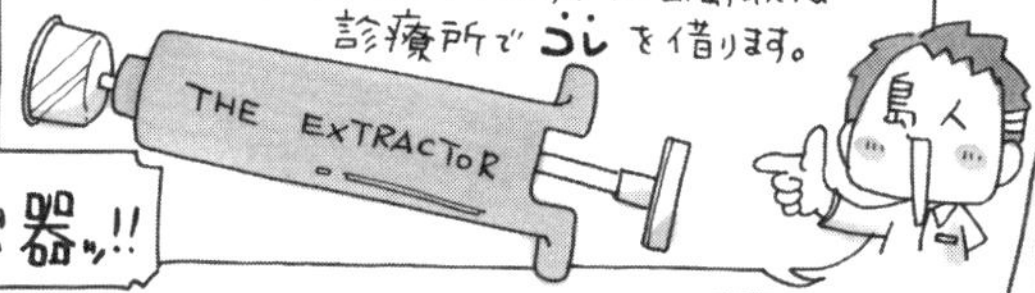

だから、竹の山へ行く時、小宝島の人は診療所で**コレ**を借ります。
THE EXTRACTOR
島人
毒吸出器ッ!!

大名タケノコの切り方

島の人から伝授

① やわらかいトコロで切る ② 断面を包丁で切る ③ すると… 残りの皮もすぐむける

食べ方

皮ごと焼く

ほくほくやわらかぁ〜
醤油と合う♡

みそ汁

やっぱり、断トツ人気ッ☆

冷凍しておくと◎→

やっぱり、島がいい！

小宝島で、どうしても寄り付けない場所があった。とてもとても気になる場所なのに。そこは昔、風葬が行われていた場所。つまり、お墓。入口はうっそうとした緑の茂みと木々に覆われていて、今にも木からトカラハブがドサドサーッと降って来そうで、入る勇気が微塵も出ない（私はは虫類が大の苦手なのである。あのウロコと色と動きがこの世に存在するのが許せない……。あ、ゴキブリは全然平気！）。でもでも、風葬のコトは知りたいのだ。島にとって、どういう意味があるんだろう。

公園で出会った学校の先生の奥さんに、「昔、島では風葬だったんですってね。なんでですかね？」と、かる〜く訊ねてみた。すると「それなら勝美さんに聞くといいわよ。そういう話に詳しくて、話し出すと止まらないから」と、たちまち嬉しい情報をいただいてし

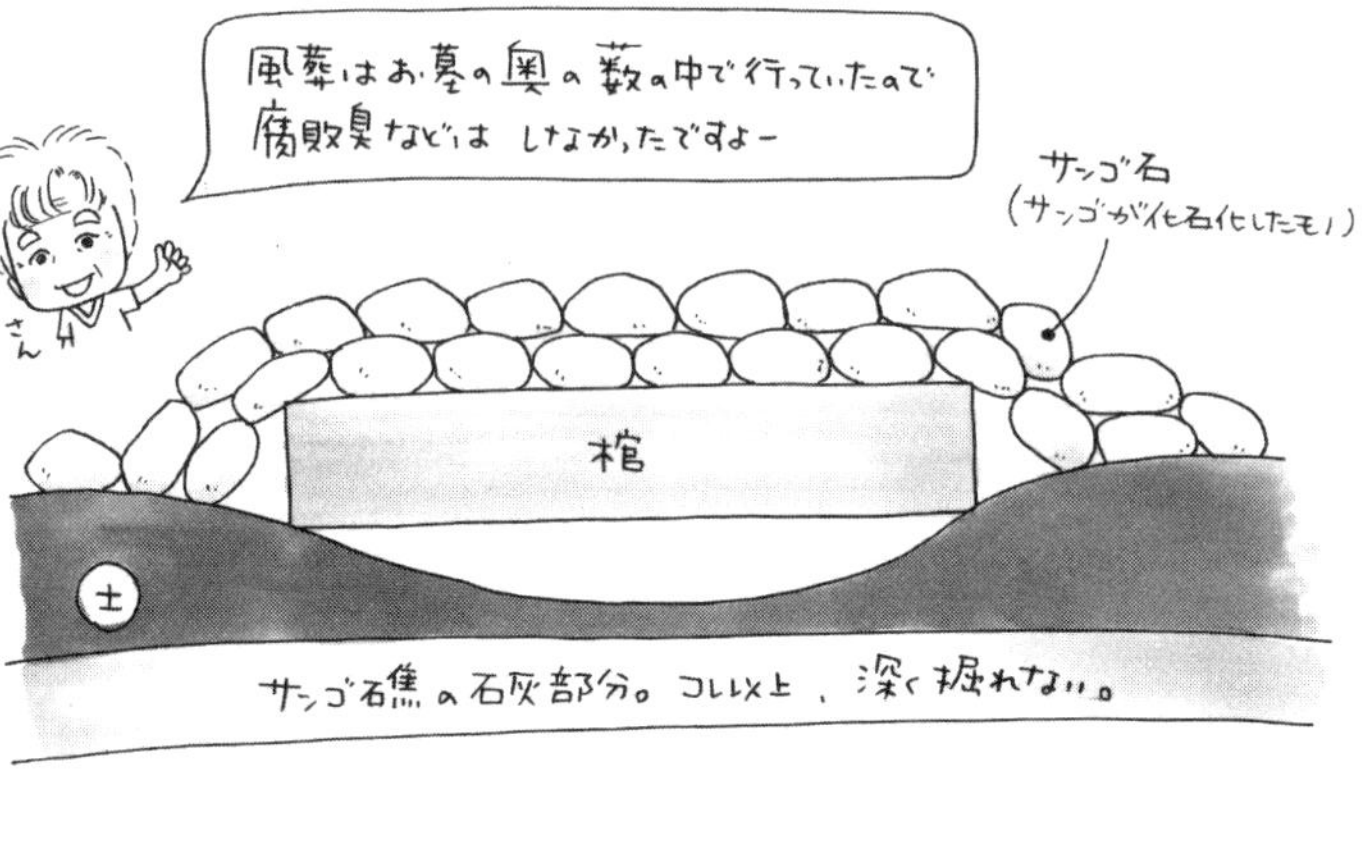

以前は高値で売れていた
夜光貝。今は だんだんと
値段が下がっているそう。
(10年間で1/10ぐらいに…)
道ばたでお会いした漁師さん
素もぐりで漁るそうッ。スゴイ!!
夜光貝
5月下旬頃、
島の近くに
産卵に来るそう

まった。誰が何をしているか、みんなが知っているという小さなコミュニティならではのありがたさ。

勝美さんとは、診療所の体操講座でご一緒した埼玉県からUターンして来た男性だ。

「小宝島はサンゴが隆起してできた島だから土が少ないんです。だから、棺をすべて埋めるほどの深い穴が掘れないんですよ」

公園で読書をしていた勝美さんが教えてくれた。少し掘って棺を置き、その上にサンゴの石を積む。十数年すると白骨化するので、それを棺から取り出し、海で洗って再び棺に納め、墓に埋めたのだという。風葬は昭和30年代前半まで行われていたそう。

だが、最近は行われていない。島で亡くなる方がいなくなったからだ。具合が悪くなると、鹿児島市内や奄美大島の病院や施設に入り、そこで最期を迎え、そちらで火葬し弔うようになったのだ。医療が発達してしまったがための時代の流れなんだろう。それは、日本のどの地域でも変わらない。

小宝島最後の日。勝美さんと一緒に、大阪からUターンして来たおっちゃん宅で紅茶をごちそうになった。壁にはおしゃれな中折れハットが掛けられている。丸みを帯びた顔でいつもアッハッハッと笑っている景気の良さそうな大阪のおっちゃんって感じである。と、おっちゃんの携帯が鳴った。親戚の娘さんからの電話らしい。家族は皆、内地住まいだ。おっちゃんも勝美さんも、若い時に島を出た後、何でも揃う内地で何十年も働き過ごして来た。

これからお世話になるであろう病院も、内地ならたくさんある。2人とも島内にある村営住宅住まいだ。島に親御さんが住んでいるわけでも、生家が残っているわけでもない。それでも、なぜ、島に帰るコトを選んだんだろう？　勝美さんは引退後、小宝島の島人、つまり自分たちのルーツを調べている（121P）そうだが、それだって都会に住んで島に通う形でも可能なはずなのに。

「やっぱり、子どもの頃に過ごした小宝島が良くてね～」

2人が口を揃えて答える。この2人もミヨばあのお孫さんと同じだ。モノが溢れて便利な内地よりも、「やっぱり小宝島がいい」という気持ちの方が何倍も強くて大きく、決してブレない。

3泊4日、暇だ暇だと思い続けたこの島は、もう少し長く過ごせば、ココじゃないとダメな何かが見えてくるのかもしれない。ブルーハワイのような「小宝島港」に、白い泡を沸きたてて海面をキラキラ光らせながら、陸を離れていくフェリーとしま。甲板から小さくなっていく小宝島を眺めつつ、そんなコトをふと感じたのだった。

島人NOTE
-小宝島-
"平家の落人が住んだ村"日本各地をめぐっていると必ず出逢う伝説。
トカラ列島もおなじくだ。落人が隠れ住んだ小宝島の"大岩屋"や、監視場所として利用した平島の"平家の穴"等がある。
小宝島をぐるっと一周さんぽしつつ、平家と小宝島の人々のルーツを聞きつつ、島内に点在する10の神社※1（←小さな鳥居があるだけ）を勝美さんに案内してもらいました。
同じ島が、またちがう島のように見えてくるから不思議☆
勝美さんが自費出版された本※2
縄文時代
弥生時代
古墳時代
飛鳥時代
奈良時代
平安時代
平成時代
天照大神
欽明天皇
神武天皇
神々の住む「小宝島」ルーツを尋ねて
岩下　勝美
大隅
日向
信濃
紀伊
筑紫
出雲
トカラの人々は元々平家の側近つまり朝廷の武士だったんですよ
岩下　勝美さん
小宝島産まれ。長年、首都圏で過ごしていたが、岩下家のルーツ、つまりは小宝島の人々のルーツをたどるため家族は内地に残し単身Uターンした方。
小宝島には「岩下」姓の人が多い。平島は「日高」姓、悪石島は「有川」姓が多いよー。
それから…
恒武天皇があーでこーで
諏訪之瀬島の「諏訪」は諏訪大社からきてるんです
小宝神社の神主は元々長野の諏訪大社の方なんですよ
勝美さんの史実とあわせた推測は聞いていて（読んでて）とーっても興味が湧きます―☆
わくわく!!

※1：10の神社が一つにまとめられ、小宝神社に祀られている。
※2：勝美さんの新しい小宝島の本が出版されます！平成30年夏、完成予定。乞うご期待です！

7 宝島

takarajima

海賊の財宝が眠る!?
宝の島

DATE

面積	7.14㎢
周囲	13.77km
最高点	291.9m
人口	139人（H29年5月現在）

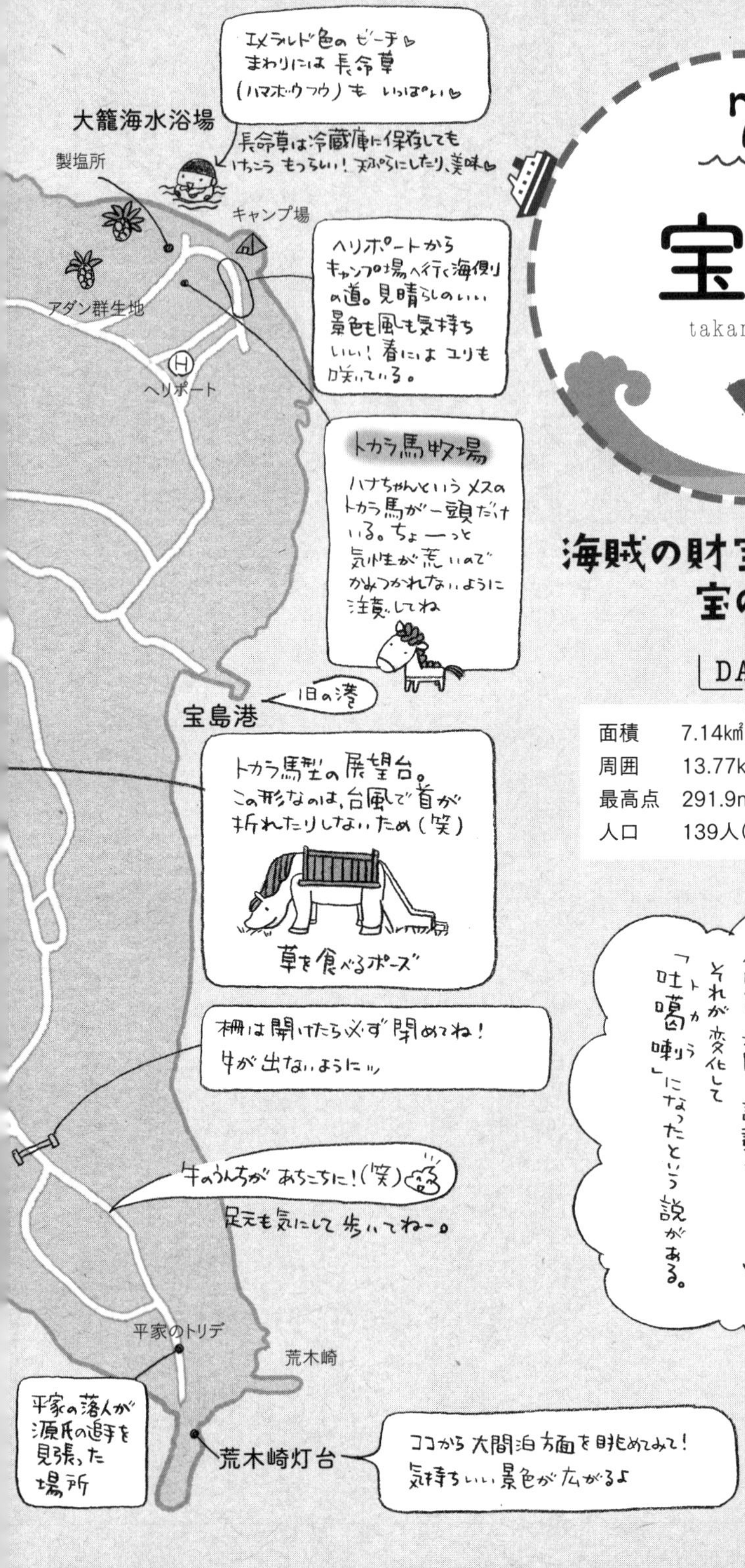

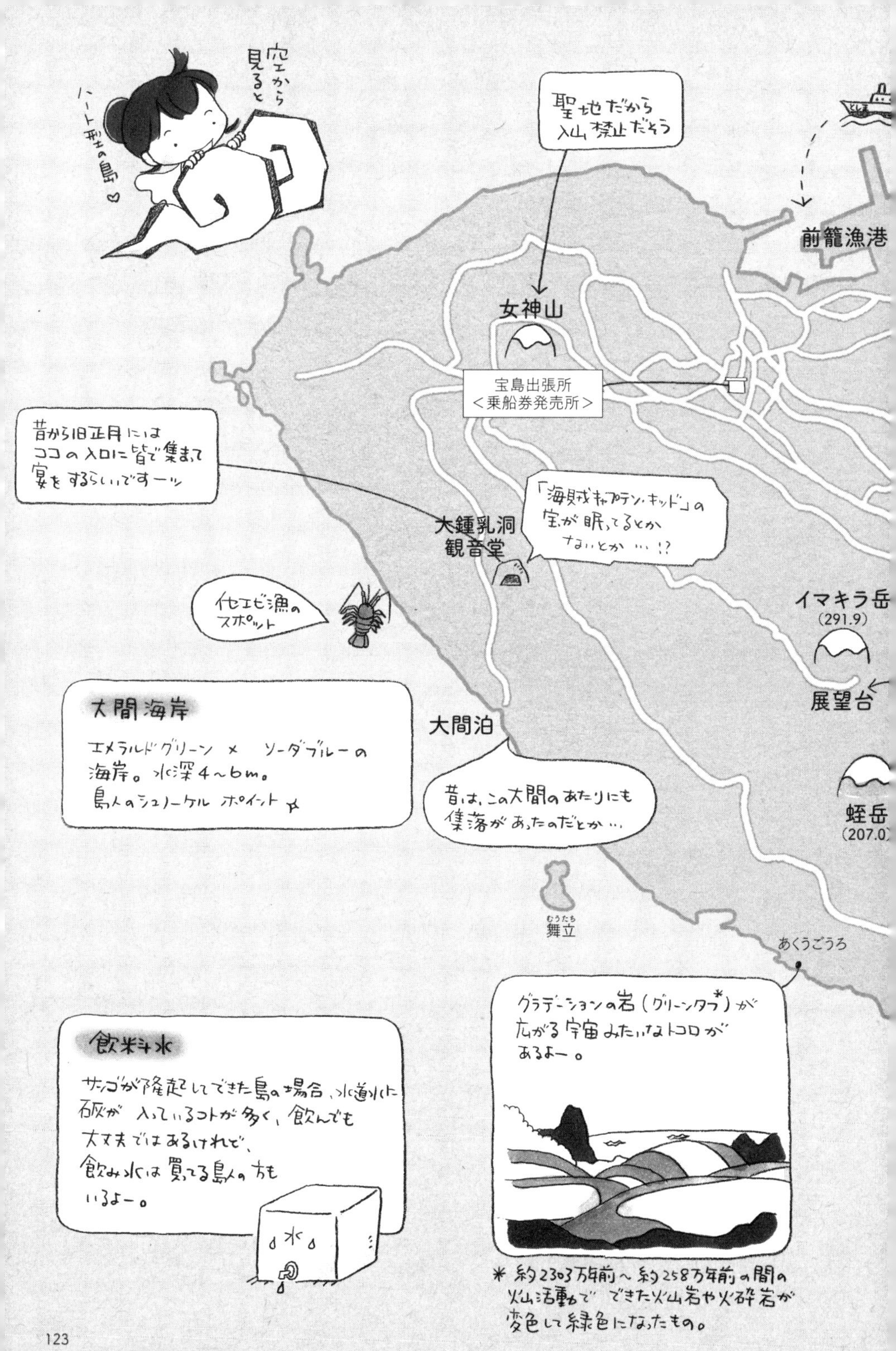
空から見ると
ハート型の島♡
聖地だから入山禁止だそう
としま
前籠漁港
女神山
宝島出張所
＜乗船券発売所＞
昔から旧正月にはココの入口に皆で集まって宴をするらしいですーッ
「海賊キャプテン・キッド」の宝が眠ってるとかないとか…!?
大鍾乳洞観音堂
イセエビ漁のスポット
イマキラ岳
(291.9)
展望台
大間海岸
エメラルドグリーン × ソーダブルーの海岸。水深4〜6m。島人のシュノーケルポイント☆
大間泊
昔は、この大間のあたりにも集落があったのだとか…
蛭岳
(207.0)
舞立《むうたち》
あくうごうろ
グラデーションの岩（グリーンタフ*）が広がる宇宙みたいなトコロがあるよー。
飲料水
サンゴが隆起してできた島の場合、水道水に砂が入っているコトが多く、飲んでも大丈夫ではあるけれど、飲み水は買ってる島人の方もいるよー。
水
＊約2303万年前〜約2583万年前の間の火山活動でできた火山岩や火砕岩が変色して緑色になったもの。

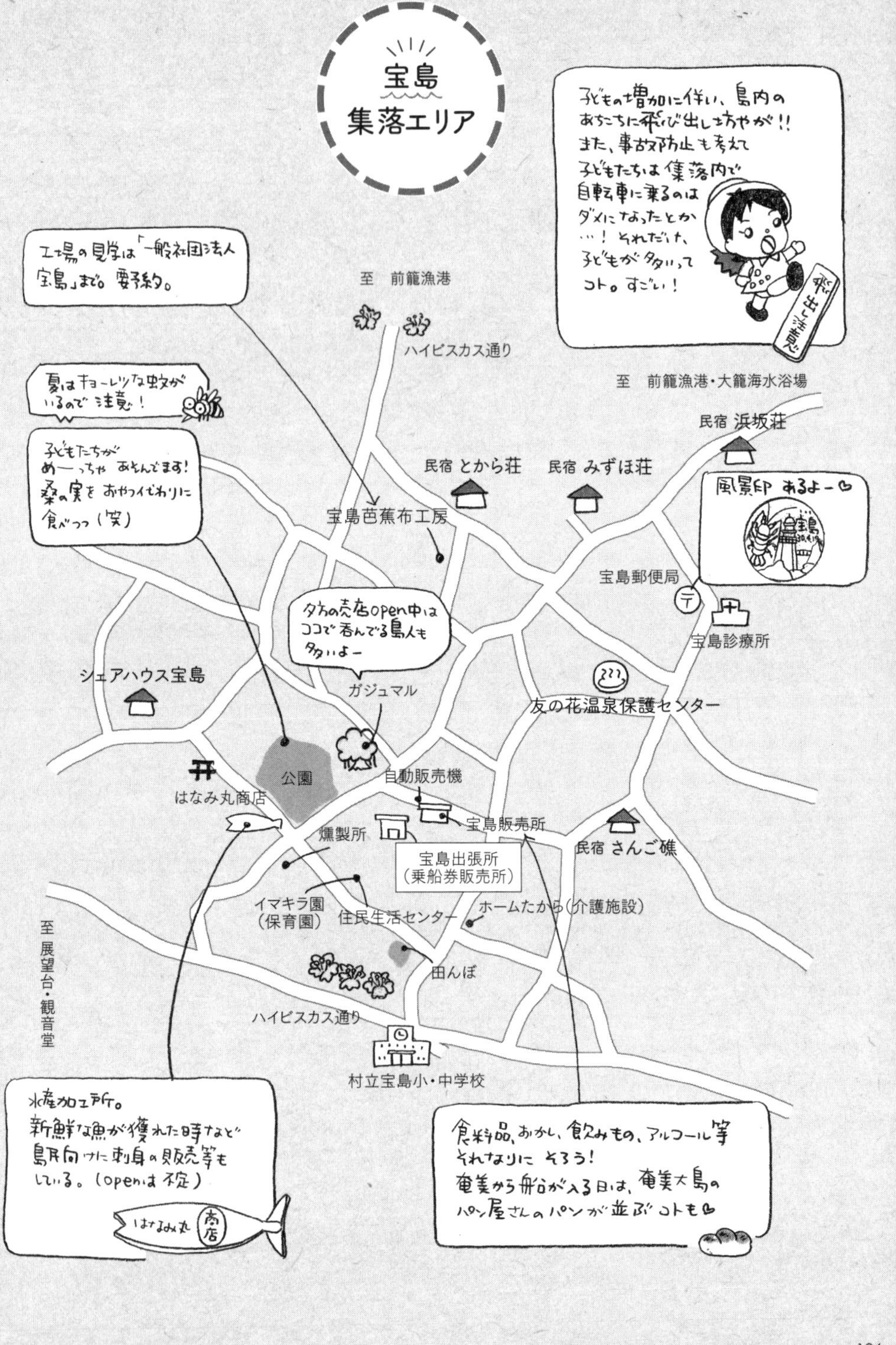

宝島
集落エリア
子どもの増加に伴い、島内のあちこちに飛び出し坊やが!! また、事故防止も考えて子どもたちは集落内で自転車に乗るのはダメになったとか…! それだけ、子どもが多いってコト。すごい!
飛び出し注意
工場の見学は「一般社団法人宝島」まで。要予約。
至 前籠漁港
ハイビスカス通り
夏はキョーレツな蚊がいるので注意!
至 前籠漁港・大籠海水浴場
民宿 浜坂荘
子どもたちがめーっちゃあそんでます! 桑の実をおやつ代わりに食べつつ(笑)
民宿 とから荘
民宿 みずほ荘
風景印あるよー♡
宝島芭蕉布工房
宝島郵便局
夕方の売店open中はココで呑んでる島人も多いよー
宝島診療所
シェアハウス宝島
ガジュマル
友の花温泉保護センター
公園
自動販売機
はなみ丸商店
宝島販売所
燻製所
宝島出張所
(乗船券販売所)
民宿 さんご礁
イマキラ園
(保育園)
住民生活センター
ホームたから(介護施設)
至 展望台・観音堂
田んぼ
ハイビスカス通り
村立宝島小・中学校
水産加工所。新鮮な魚が獲れた時など島民向けに刺身の販売等もしている。(openは不定)
はなみ丸 商店
食料品、おかし、飲みもの、アルコール等それなりにそろう! 奄美から船が入る日は、奄美大島のパン屋さんのパンが並ぶコトも♡

※1：
住所：十島村宝島68
TEL：090-4590-7095
島体験料：1泊2000円（素泊まり）
※夏はらっきょボランティアさんが優先になります。

絶海の孤島の産業革命!?

「今もずっと、自分が絵本の中にいる感覚がするんだよね」

お日さまのような笑顔で話してくれたのは、「シェアハウス宝島」[※1]のトシエさん。1歳ぐらいのお子さんを腕に抱えながら。約18年ぶりの移住者として、旦那さんの功さんと宝島にやって来て数年、今や3人の子どもを育てるパワフルママだ。

ここは、トカラ列島最南端の宝島《たからじま》。フェリーとしまの入港時、デッキに出ると強烈なインパクトで目に飛び込んでくるものがある。カラフルで大きな大きな港の壁画だ。宇宙人のような魚やドラえもんに出てくる21世紀のような建物など、まるで未来都市の竜宮城の

宝島に10年ほど住んでいたイラストレーターの小谷秀佐佳さんの作品（1997年完成）。未来都市をイメージしたモノだとか。

よう。集落に向かうため、壁画の前を通ると、異世界の物語の中にワープするような気分になる。ちょっと他の島では味わえない高揚感。トシエさんの言う「絵本の中にいる感覚」に似ているのかもしれない。

そして、もう一つの異世界感。それは港にベビーカーを押した若いママたちと、そのまわりを大はしゃぎしながら駆け回る未就学児の多さ。10人ぐらいのママ、15人ぐらいの子ども（未就学児）。数字にすると、内地の都市よりはるかに少ない。だが、ココは日本最後の秘境と呼ばれるトカラ列島。過疎化が進む絶海の孤島の一つだ。そんな島に平成27年、なんと保育園ができたのである。小学校存続すらも危ぶまれ、山海留学制度をとっている島もある中、保育園がつぶれる……のではなく、新たにできたのである。十島村の人口増加率は全国2位（平成27年）と急上昇中。絶海の孤島とは思えない動きに目を見張る。

共同で購入している生協の品を家ごとにわけるのは女性陣の仕事。Amazon Boxも見かける。ネット通販のおかげでへき地でも様々なモノが手に入る。（ナマモノ以外）

そんな変化が芽吹く宝島で、今、その未来が楽しみで仕方ないコトがもう一つ起こっている。

それは産業革命。と、言っても世界史に出てくるような工場っぽいものでは、もちろん、ない。

〝バナナファイバー〟という布をバナナの繊維から作る産業だ。バナナファイバーとは、一言で言うと芭蕉布のようなもの。従来の芭蕉布はイトバショウの皮を薄くはぎ、木灰で煮て糸にして織って布にする。風通しが良くとても肌心地いい生地だ。けれど、イトバショウは島内でも数が少なく貴重。そこで、同じバショウ科で島内にたくさんあるモノ。バナナ（実芭蕉）に目を付けた。バナナは宝島の特産品でもある。バナナの木は島中あちこちにあり、その実はとても甘くて人気が高い高級品だ。しかし、幹は捨てるのだそう。その幹を捨てずに利用するのがバナナファイバー。バナナの幹から糸ができる。想像できるだろうか？　じつはこの工程、ひたすら地道な作業なのである。

とある冬、バナナファイバーを製造する一般社団法人宝島のメンバーの功さん、一竹さん＆サッちゃん夫妻の３人が、宝島で足りない分のバナナ繊維を隣の奄美大島に採りに行くと聞いた。これ幸いと、トカラ列島の帰りにフェリーとしまで奄美大島に向かった私。その作業をちょっぴり覗きに行ったのだ。

山のように積まれたバナナの幹。バナナの幹は丈こそ短いものの、ずっしりドーンっと重い。一人で1本持つと運動不足の私なんぞ、ギックリ腰を起こしそうでヒヤヒヤものだ。タケノコの皮のように交互にロール状になった薄皮をペリペリと剥がしていく。手作業で1本ずつ、1枚ずつ丁寧に。1本の幹は何重もの皮に覆われていて、剥いでも、剥いでも、まだある！　飽きっぽい私は即効飽きてしまったのだが、３人はひたすら皮を伐っては剥いで、機械で絞って、

バナナの繊維の取り方。

1. バナナの幹を切る
メキ
メキッ
2. カッターで幹の皮に切り込みを入れる
ピ
ッ
3. 皮を一枚一枚剥がす
内側のやわらかい皮を使う
↑剥がした皮
4. 水分を絞り取る
ガガ
ーッ
5. 干す
けっこう
ずっしり重いッ
6. 繊維の元になる
コレをひねっていくと
糸になるよーッ

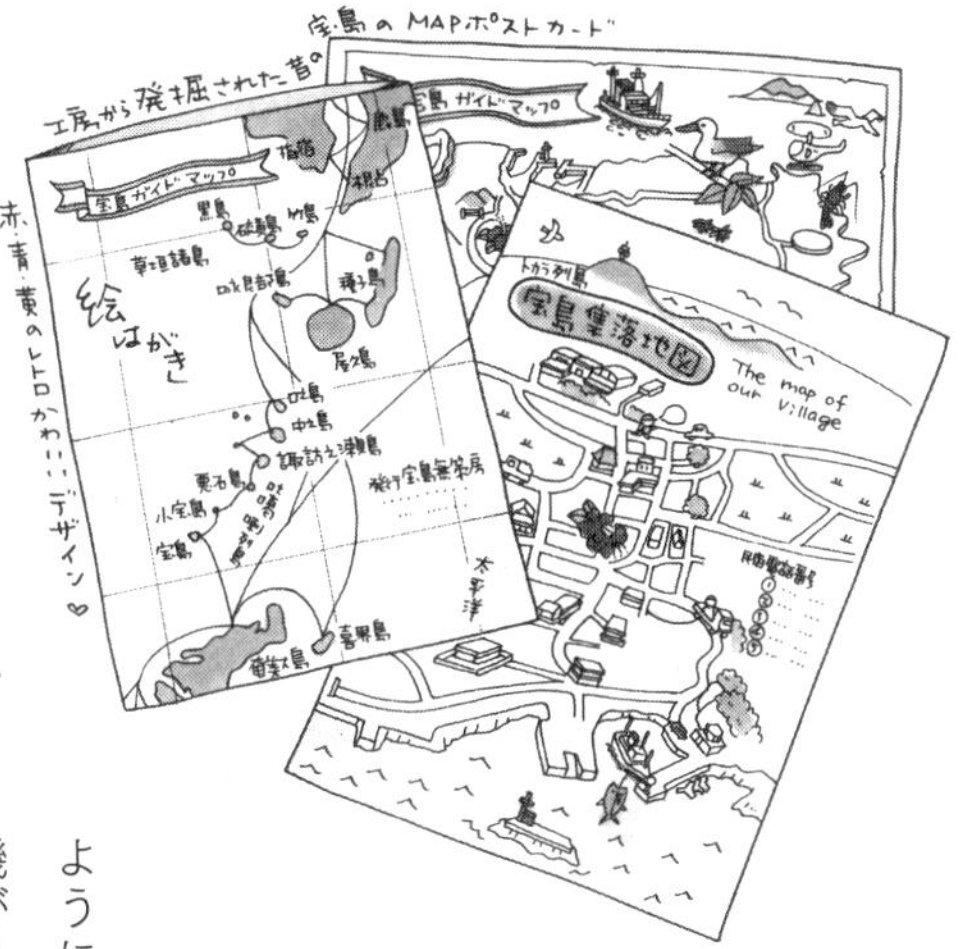

を繰り返す。

彼らのバナナファイバー構想は〝作って販売する〟だけに留まらない。島内の空き家（昔、移住者の陶芸家さんが住んでいた自宅兼工房らしい）を自分たちでリノベーションし、機織り工房まで作ってしまったのだ。来島者にバナナファイバーの織り体験ワークショップをしてもらうスペースとしても使えるように。工房内には昔ながらの大きな機織り機が2台。一つは島内のおばあちゃん宅にあったもの。もう一つは奄美大島からもらってきたものだ。そして、ワークショップ用に木製のかわいいミニ機織り機が3台置かれている。子どもの頃にあったオモチャの機織り機を思い出してキュンキュンしてしまう♪

バナナファイバーのメンバーは、機織りもこなす。若い頃、奄美大島の伝統工芸品「大島紬」を織っていたという島のおばあちゃん直伝。バナナファイバーだけで織ると、布にした際、タテ糸が切れやすくなるの

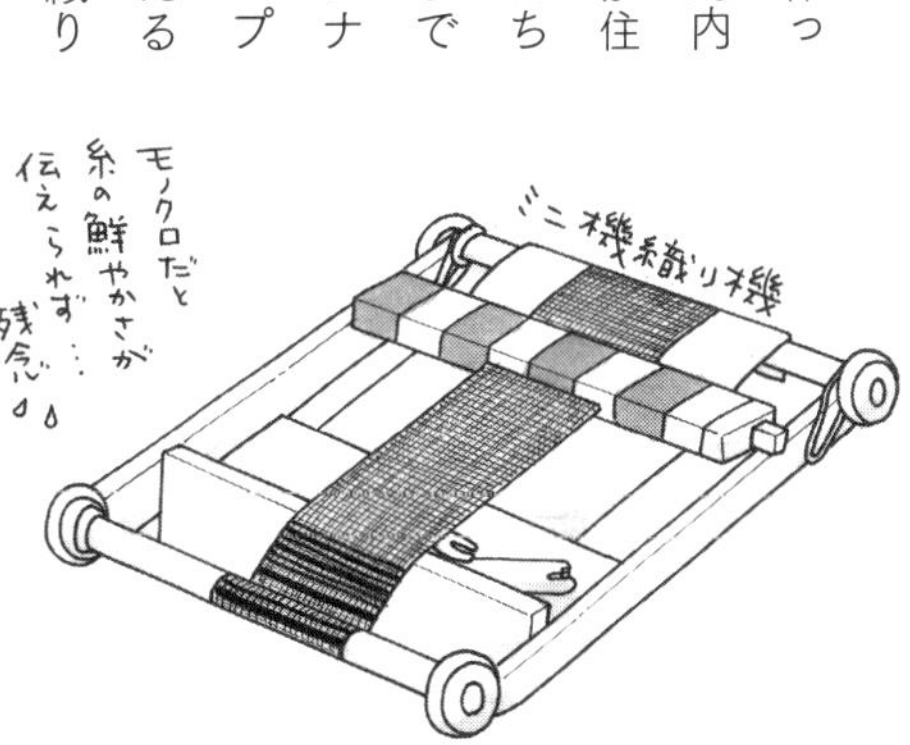

で、色とりどりの綿の糸を織り込んでいる。

「島で昔作られていた芭蕉布の着物が見つかって、宝島にそういう生活文化があったコトを知ったのが始まり」と話してくれたのは、関西から一家で移住して来た一竹さん。単に復活させるだけでなく、バナナファイバーをきっかけに宝島を知ってもらい、観光客を増やして島に雇用を生みたいと語る。

平成19年、私は中国貴州省の少数民族の村を巡る旅をした。山の中で裸足の生活をしながらも、細かい手刺繍がすばらしいミャオ族の村を訪れた。ココでも植物から繊維を取り、糸を紡ぎ、布にするまでを、すべて集落みんなで手作業で行っていた。中国の奥地だか

子どもも一緒に居ながら仕事の会議もできちゃう。島ならではのこのスタイル、日本中に広まればいいのに。（ってか、昔はこの形がふつうだったのだけど…）

※2:商品化された燻製は、トカラで唯一の地魚直売所「はなみ丸商店」で購入できるほか、クール便で全国配送も行っている。(P137)

らこそ残っているモノなのだと思っていた。が、ここ宝島では、それが再び行われている。30〜40代の移住者を中心に。

ところで、トカラに限らず、小さな島ほど一人一仕事というコトは、ほぼない。バナナファイバーのメンバーも、それだけをやっているわけではない。もう一つの島の特産、海産物の加工商品を作るプロジェクトも、ほぼ同じメンバーが同時進行で行っている。

私が一竹さん家にお世話になった時のとある夜、一竹さん宅で〝燻製試食会〟なるものが行われた。島の特産であるトビウオやサワラを燻製にして商品化しようという会である。※2 しかも25度以下の低温で作る冷燻法だ。

「この日のために、冷蔵庫がお試しの燻製だらけなんですよ〜」

奥さんのサッちゃんが笑いながらテーブルに燻製品を並べる。オーソドックスなトビウオに始まり、サワラの塩漬け・胡椒・味噌漬け、チーズ、ハム、ジャガイモ、ナッツ、果てはレーズンやかまぼこまで。そんなものまで燻製にするの?! そりゃ冷蔵庫が溢れるわけだ。ただでさえフェリーが欠航した時に備えて、島の家の冷蔵庫は普段からたくさん食材が詰まっているのに(笑)。そして、続々とやって来る島の仲間たち。功さん&トシエさん夫妻とその子どもたち。ボンバーヘアー女子・ヒロミさん、島の漁師さんである前コーさんと奥さん、元気な島のお母ちゃん・梅ちゃん、子どもたちに絶大な人気のヒロキ君といった生粋の島人も参加している。

ああでもない、こうでもない。塩分を増やしてみたら？　燻製のチップを変えてみたら？　云々……、次々に本音を言い合う。表情は真剣そのもの。みんな、なんて熱いのか！　島の特産品が商品として世に出るまでの様々なやり取りが、目の前で行われている。日々是革命！　メンバーではない私ですら身体の奥からジワジワ来るものがある。人生初の海外へ、一人で旅立った時のような、未知の世界への希望と期待と憧れとが全身を駆け巡るかのように。

つかず離れずの距離

「この骨、捨てるにはもったいなくないですか？　何かできないですかね～？」

トビウオをさばくお手伝いをした時、機械で3枚におろされた骨の部分を、まじまじと眺め、つぶやく一竹さん。この人、もったいない精神の塊のような人なのだ。一竹さんが開発した島土産の一つに「バナナコンフィチュール」※3がある。傷ついて売り物にならないバナナを島の農家さんから買い取り、コンフィチュールなどというおしゃれなモノに生まれ変わらせたのである。バナナ農家さんは収入が増え、一竹さんたちにとっても新たな仕事が生まれる。一石二鳥のステキな循環だ。バナナファイバーを捨てるはずのバナナの幹から作る発想も〝もったいない〟という気持ちがあったから。そもそも一竹さん一家が宝島に移住して来たのは、一竹さん

※3：黒糖やパッションフルーツ、チョコ＆ナッツなどフレーバーは5種類。トカラ結プラザのネットショップでも買えます。
http://tokara-takara.com/

釣りたてのアオトビ刺身
うひょっ♡
コリッとして美味ッ♡
とびっこの醤油漬け

のこんな閃きだった。

「手紙を出した時に、住所が〝宝島〟ってかっこいい！」

えっ！そこ?! 話を聞いた時、少年のような純粋で、良い意味で単純な答えに思わず笑ってしまった。奥さんのサッちゃんも、

「面白いから移住するコトを応援したんですよ～（笑）。私は出歩くタイプだけど、カズ（一竹）さんはあんまり出歩かないから、これはチャンスだと思って」

と、あっけらかんとケラケラ笑う。都会から内地の田舎へ移住するだけでも結構ハードルが高いのに、ましてやココは絶海の孤島。なのにサッちゃんの受け入れの早さたるや！

さすが元春日大社の巫女さん。心の余裕が半端ない。もしかしたら、移住というものは、これくらい気軽に考えてスッと動ける人の方が合ってるのかもしれな

島らっきょ
としえさん
さっちゃん
島らっきょは天ぷらがオススメ♡
奄美大島のスーパーにも売ってるよ。

い。

そんな一竹さん一家が移住する少し前に島に移り住んでいたのが、功さん&トシエさん夫妻だ。平成22年ごろ、十島村は人口減少に歯止めをかけるため、移住促進に力を入れ始めた。その第1号が、当時アパレル業界でデザイナーとして世界中を飛び回っていたトシエさんだった。忙しい日々からのんびり暮らしにシフトチェンジしたいという気持ちと、アパレルで独立したいという夢を抱いていた頃、同時に、功さんも飲食店で独立したいという想いがあったそう。そんな中で見つけたのが宝島移住だった。

「宝島のコトを知らなかった時に、占い師のような人に〝不思議な壁がある南の島に居るのが見える〟って言われたコトがあるの」

ふふふっと、笑いながら当時を思い出すトシエさん。世界中を見て、辿りついた場所が日本人もあまり知らないトカラ列島の宝島。なんとも不思議な巡り合わせだ。

憧れの田舎暮らしにも、現実は付いてくる。人間関係、収入のコト、自分の理想と現実のギャップ……。移住しても折り合いがつかず、島を去って行く人も、もちろんいる。だけど、宝島はIターンが減るどころか徐々に増え、その子どもたちも増え、溢れる活気が止まらない。港で子どもたちの写真を撮ろうとすると、「カメラ見せて、カメラ見せて〜!」と彼らのあり余る元気と好奇心に押し倒されるほどのパワフルさ。こんな元気爆発な絶海の孤島なんて、初めてだ。

それはきっと、最初に移住した功さん&トシエさん夫妻の人徳も大きいのではないかなと、私は思うのだ。島の人たちと次にやって来る移住者をつなげるパイプ役を自然とやっている。人に壁を作らないフラットな2人だから、スッと間に入れてくれるのだと思う。

私が訪れた時もそうだった。2人が経営している「シェアハウス宝島」に泊まったのだが、気が付いたら島の未来を熱く語るＩターン呑み会に混ぜてもらっていた。島に長期滞在中で、移住に迷っているらしいカップルがいたようで、「じゃ、いっちょ盛り上げるか〜!」という話になった。

「俺ら、1回は盛り上げるけど、その後は本人たち次第だから」

功さんが言った言葉が、私の中に今も残っている。〝ほどよい距離感〟なのだ。くっつき過ぎず、離れ過ぎない。それはきっと、島人との間でも同じなんだろうと想像する。バナナファイバーや燻製の試食会に、島人も加わっているのは、その距離感の絶妙さが心地いいからなのだろうなと、思うのだ。

それともう一つ、感じたコトがある。功さん、トシエさん、一竹さん、サッちゃん……、みんな「自分のやりたいコト」を島に持ち込んでいないのだ。それこそ捨てられてしまうようなモノ、島にあるモノを使って、島の人のためにもなるコトはなんだろう? そこから自分たちのやりたいコト、つまり仕事を作るという発想。ベストセラーのタイトルではないけれど〝今あるトコロで咲く〟まさに、それなのだと思う。加えて、みんなに共通しているのが、プロジェクトを通じて島内外のプロフェッショナルな人とつながるコトが楽しいという気持ち。その気持ちに呼応して、さまざまな人が宝島を訪れている。

　日本最後の秘境の小さな島から、水滴の波紋のように広がっていく人の輪。それは、きっとコレからも、どんどん広がっていくのだろう。そして、宝島の異世界のような港に降り立つ人が、また一人、増えるのだと思う。宝島という絵本が、島人とIターンによって描かれていくのを、私はずっと見続けていたいと思うのだ。絵本を1ページずつ、ドキドキワクワクしながらめくる子どものように。

※一般社団法人 宝島 https://www.facebook.com/takarabanana/

トカラ
旅の便利帳

※島での「フェリーとしま」乗船券の購入や、何か困ったことなどあれば各島の出張所へご連絡下さい。

公共機関

口之島出張所
TEL:09912-2-2229

口之島診療所
TEL:09912-2-2402

口之島郵便局
TEL:09912-2-2109

中之島

宿

大喜旅館
住所:十島村中之島133番地
TEL:09912-2-2110
料金:9,900円(1泊4食付)
7,500円(1泊3食付)

なごらん荘
住所:十島村中之島128番地
TEL:09912-2-2201
料金:9,000円(1泊4食付)

海游倶楽部
宿泊のほか、ダイビングツアーの受付あり。
詳細はHP参照。
住所:十島村中之島153番地
TEL:09912-2-2119
料金:9,200円(1泊2食付)
URL:http://www.tokarakaiyu.com/
※トカラマリナーズ(ダイビング)
URL:http://www.tokara-mariners.com/

中之島荘
住所:十島村中之島9番地
TEL:09912-2-2078
料金:7,560円(1泊3食付・税込)

その他

中之島天文台
標高250mの高尾地区にあり、九州最大級のカセグレン式600mm反射望遠鏡で天体観測を楽しめる。
住所:十島村中之島155番地133

歴史民俗資料館
昔の丸木舟や漁具・民具、土器などを展示。トカラ列島の歴史や暮らし、精神文化が学べる。
住所:十島村中之島150番地241

※中之島天文台と民俗資料館はいずれも事前予約が必要。
TEL:09912-2-2338

口之島

宿

ふじ荘
住所:十島村口之島19番地
TEL:09912-2-2478
料金:7,000円(1泊3食付)

はまゆう荘
住所:十島村口之島1番地
TEL:09912-2-2477
料金:7,000円(1泊3食付)

民宿くろしおの宿
住所:十島村口之島19番地
TEL:09912-2-2410
料金:7,000円(1泊3食付)

松元荘
住所:十島村口之島156番地
TEL:09912-2-2411
料金:7,000円〜(1泊3食付)

民宿なかむら
住所:十島村口之島1-25
TEL:09912-2-2416
料金:12,960円(1泊5食付・税込)

その他

さとの湯温泉
住所:十島村口之島19番地
入浴料:200円
開泉日:火・木・土の16:00〜21:00

セランマ温泉(瀬良馬温泉交流館)
出張所で鍵を借りて入る。
住所:十島村口之島
TEL:09912-2-2229
入浴料:200円

口之島販売所
住所:十島村口之島125番地
TEL:09912-2-2404
営業時間:8:00〜12:00、17:00〜19:00

口之島ダイビングサービス
ダイビング期間は4月上旬〜12月下旬。
料金やツアー内容はHP参照。
住所:十島村口之島1番地
TEL:090-6771-7490
URL:http://www.kuchinoshima-ds.com/

諏訪之瀬島診療所 TEL：09912-2-2359	公共機関
諏訪之瀬島簡易郵便局 TEL：09912-2-2322	

平島

たいら荘 住所：十島村平島346番地 TEL：09912-2-2029 料金：7,500円（1泊3食付）	宿
平和荘 住所：十島村平島60番地 TEL：09912-2-2006 料金：7,500円（1泊3食付）	
大峰荘 住所：十島村平島87番地 TEL：09912-2-2025 料金：7,800円（1泊3食付）	
あかひげ温泉 住所：十島村平島97番地 入浴料：200円 開泉日：火・木・土の17:00～21:00	その他
平島出張所 TEL：09912-2-2353	公共機関
平島診療所 TEL：09912-2-2010	
平島簡易郵便局 TEL：09912-2-2611	

悪石島

にし荘 住所：十島村悪石島18番地 TEL：09912-3-2173 料金：7,500円（1泊3食付）	宿
南海荘 住所：十島村悪石島73番地 TEL：09912-3-2101 料金：7,500円（1泊3食付）	
悪石島二本松 住所：十島村悪石島65-33 TEL：09912-3-2080 料金：7,500円（1泊3食付）	

西区温泉、東区温泉 入浴料：寸志 開泉日：西区／毎日17:00～19:00、22:00～ 東区／毎日18:00～19:00、22:00～ ※19時からの掃除中は入浴不可。	その他
中之島商店 定期船入港日は午前中に開店することもあり。 住所：十島村中之島20番地 TEL：09912-2-2001 営業時間：17:00～19:00	
十島村役場中之島出張所 TEL：09912-2-2101	公共機関
中之島診療所 TEL：09912-2-2103	
中之島郵便局 TEL：09912-2-2120	
鹿児島中央警察中之島駐在所 TEL：09912-2-2107	

諏訪之瀬島

民宿御岳 住所：十島村諏訪之瀬島176番地 TEL：09912-2-2590 料金：7,500円（1泊3食付）	宿
浜原荘 住所：十島村諏訪之瀬島103番地 TEL：09912-2-2317 料金：8,100円（1泊3食付・税込）	
民宿やまき 住所：十島村諏訪之瀬島84番地 TEL：09912-2-2316 料金：7,500円（1泊3食付）	
すわのせゲストハウス 住所：十島村諏訪之瀬島50番地 TEL：09912-2-2326 携帯：090-7457-1167 料金： 7,500円（1泊3食付）	
諏訪之瀬島出張所 TEL：09912-2-2162	公共機関

小宝島出張所 TEL:09912-4-2001	公共機関
小宝島診療所 TEL:09912-4-2006	
小宝島簡易郵便局 TEL:09912-4-2018	

宝島

みずほ荘 住所:十島村宝島96番地 TEL:09912-4-2203 料金:7,000円(1泊3食付)	宿
とから荘 住所:十島村宝島825番地 TEL:09912-4-2200 料金:7,500円(1泊3食付)	
民宿 浜坂荘 住所:十島村宝島3番地 TEL:09912-4-2204 料金:7,500円(1泊3食付)	
民宿さんご礁 住所:十島村宝島29番地 TEL:09912-4-2075 料金:7,500円(1泊3食付)	
友の花温泉保養センター 入浴料:200円 開泉日:火・土の17:30～20:30	その他
はなみ丸商店 魚が採れた日のみ開店(島内放送で案内あり)。加工品の購入は、出張所で店主に連絡してもらえる。	
宝島販売所 営業時間:毎日7:00～8:00、17:00～19:00	
宝島出張所 TEL:09912-4-2129	公共機関
宝島診療所 TEL:09912-4-2101	
宝島郵便局 TEL:09912-4-2134	

民宿あおば 住所:十島村悪石島27番地 TEL:09912-3-2032 料金:7,500円(1泊3食付)	宿
湯泊温泉 入浴料:200円 開泉日:毎日15:00～21:00	その他
海中温泉 海岸の岩場を利用し、冷たい海水と海中から湧くお湯が交ざって適温に。入浴可能な時間は潮の干満によるので、島の人に確認を。 入浴料:無料	
砂蒸し温泉 地熱を利用した天然砂蒸し風呂。砂場に毛布やタオルを敷いて横になる(敷物持参)。 入浴料:無料 開泉日:毎日(現在は故障中)	
悪石島出張所 TEL:09912-3-2063	公共機関
悪石島診療所 TEL:09912-3-2103	
悪石島簡易郵便局 TEL:09912-3-2030	

小宝島

湯泊荘 住所:十島村小宝島1-17 TEL:09912-4-2221 料金:7,000円(1泊3食付)	宿
民宿いこいの森 住所:十島村小宝島21-21 TEL:09912-4-2798 料金:7,000円(1泊3食付)	
民宿パパラギ 住所:十島村小宝島114-15 TEL:09912-4-2066 料金:9,000円(1泊3食付)	
湯泊温泉(混浴露天風呂) 混浴露天風呂のため、女性が入浴中は温泉の登り口階段前で一時待機すること。 入浴料:無料 開泉日:毎日	その他

トカラ旅の心得

◆宿のシステム
島内に飲食店はないので、基本的にお宿は1泊3食付きになります。（島の離発着時刻に応じて、1泊4～5食付きもあります）
お願いすれば、お昼をお弁当にしてくれる宿も。

◆ ATM
島内にATMの機械はなく、各島郵便局の窓口で、通帳、またはキャッシュカードと暗証番号で入出金します。（キャッシュカードはカードリーダーの読み取りが弱い場合があるので、通帳持参がより確実）

◆ネット（Wi-Fi）環境
「フェリーとしま2」の船内ではだいたい使えます。島内の公共施設は原則使えませんが、口之島の「民宿なかむら」、中之島の「なごらん荘」「大喜旅館」、悪石島の「民宿あおば」「悪石島 二本松」等、一部の宿で利用できます。

◆携帯
ドコモは集落を中心にほぼ全島で、ソフトバンクも港周辺では使えます。それ以外は圏外になる場合が多いです。

◆売店
口之島、中之島、宝島には売店がありますが、営業時間が短いので要注意。他の島は売店がないので（自動販売機はあります）、お菓子やし好品、日用品などは、原則持参しましょう。

◆コインランドリー
各島に洗濯機と乾燥機が1台ずつあります。島の人も使用してます。洗濯機は宿で貸してもらえるトコロも多いです。

◆所持金
島内では1万円札などをくずせるところがあまりないので、あらかじめ、千円札や小銭に両替してから島へ行くほうがおすすめです。

トカラ列島への行き方

トカラ列島へのアクセス

移動手段は船のみ。週2回、鹿児島と奄美大島から村営定期船「フェリーとしま2」が運航しています。

＜例／鹿児島港から行く場合＞

- 月曜か金曜の夜に鹿児島港を出港、島へは翌日の午前中に到着。
- 帰りは、各島から水曜と日曜のみ出港。
- 所要時間は、鹿児島から口之島は約6時間、最長の宝島は約12時間。
- 帰りの鹿児島港到着は18:20頃。到着が遅れることもあるので、最終日の宿を鹿児島市内で予約しておいたほうがベター。
- 天候などによる欠航や変更もよくあるので、必ず事前に運航状況を確認すること。
- 各島間の移動にはチャーター船もあり（要事前申請）。
  高速観光船「ななしま」　http://www.tokara.jp/ferryinfo/ferrynanashima/

船の乗り方

＜鹿児島から＞

- **乗り場**：鹿児島本港（南埠頭）
- **出港時間**：月・金曜の23:00（乗船時間21:00～）
- **発券時間**：出港当日の9:00～17:00、19:00～22:30
- **問合せ**：鹿児島本港区南埠頭としま待合所
  TEL：099-219-1191
- **備考**：待合所に大型のコインロッカーあり。

＜奄美大島から＞

- **乗り場**：佐大熊岸壁（名瀬港）
  ※ターミナルと別の場所なので要注意
- **出港時間**：水・日曜の深夜2:00（乗船時間は出港前日18:00～21:00、当日1:00～1:50）
- **発券時間**：出航前日の8:00～17:00、当日は直接窓口へ
- **問合せ**：里見海運産業㈱」佐大熊営業所
  TEL：0997-52-2251

＜各島から＞

- 乗船券は各島の役場出張所で購入。購入時間が短いので、島に着いたら、前もって購入可能時間の確認を。
- 天候などで出港時刻が変わることがあるため、必ず島内放送をチェック。
- 島での乗船時間は10分程度。早めに港で待機し、乗り遅れないように。

運航時刻（平成30年4月2日～）

月日	曜日	着時間	発時間	港名	着時間	発時間	月日	曜日
第1日	月、金	ー	23:00	鹿児島	18:20	ー	第3日	水、日
第2日	火、木	5:00	5:10	口之島	11:25	11:35		
		6:00	6:10	中之島	10:25	10:35		
		7:10	7:20	諏訪之瀬島	9:10	9:20		
		8:10	8:20	平　島	8:15	8:25		
		9:15	9:25	悪石島	7:05	7:15		
		10:45	10:55	小宝島	5:40	5:50		
		11:30	11:40	宝　島	5:00	5:10		
		15:20	ー	名　瀬	ー	2:00		

運賃表（すべて大人1名の料金）

- 二等料金…鹿児島から口之島・中之島 6,180円
  〃　　平島・諏訪之瀬島・悪石島7,010円
  〃　　小宝島・宝島8,020円（各島間の料金はHP参照）
- 一等料金…二等料金＋一等客室使用料1室18,000円
- 指定寝台…二等料金＋4,000円

問合せ

十島村経済課航路対策室
TEL 099-222-2103
URL：http://www.tokara.jp/ferryinfo/ferrytoshima/#004

1泊2日で全島制覇

11月のトカラマラソン便

毎年11月、知る人ぞ知る「トカラ列島マラソン」が開催される。1日で各島を走るというもの。
このランナーの移動にも定期船のフェリーが使われる。そのため、この日は変則スケジュールとなり、
なんと**1日で7島制覇**できてしまうのです✧

おまけ

秋のトカラブ

街コンならぬ**島コン**！毎年秋頃に行われる1泊2日のツアー。十島村の男性と村外の女性が対象。3000円/人（フェリー代、宿泊費、食費、体験料込み）という**破格**!! 自宅と鹿児島港の往復旅費だけ自分で支払えばOK！島暮らしに興味ある女性陣！ぜひ♡ 詳細は、時期が近づくと、十島村のHPに募集内容がのります。

トカラマラソン、トカラブの詳細は、十島村役場HPで随時公開されます。

◆十島村町役場HP　http://www.tokara.jp/events/

◆お問い合わせ／十島村役場地域振興課　TEL：099-222-2101

1泊2日で 全島制覇
5月の
レントゲン便
マラソン便よりも ゆったりと まわれるよ
毎年5月 通称「レントゲン便」と呼ばれる 変則的な 運航日が あります
5月は比較的、天候&波が 安定しているのです。
フェリーで 検診車を 4台 島へ運び
フェリー
島の港で 検診をする のです
TOKARA
フェリー入港前から 港では 検診を受ける島人たちが
すでに 整列中ッ!!
島の看護師→
島の診療所の看護師1名と 鹿児島市内にある 村役場から来た保健師3名が 中心になって行われます
検診内容は
胃がん検診
骨粗鬆症検診
肺がん検診
乳がん 子宮がん 検診
これらを 一島約2時間かけて 行います
その2時間の間に散策ッ☆
集落まで行って 1時間ほど ふらふらできます
ちなみに この便のスケジュールは…
1日目
2日目
悪石島で 1泊します
しかも!! 役場の方々は この貴重な時間を 少しもムダにしないのですッ
様々な仕事を
狂犬病の 予防注射
同時に
消防団
消防車の点検
行うのです
役場の人が鹿児島県庁の人々に島を案内している
だからレントゲン便時の フェリー船内は いっぱい!!
医師
レントゲン技師
獣医
役場の職員
保健師
消防車の点検会社
県庁の職員
一般客用の席も 30席ほどあるよー (当日販売)
TOKARA
毎年、このレントゲン便だけ 乗船しに来る常連さんも おられました
ビーもー
あら! 今年も?
役場の人に覚えられていた(笑)

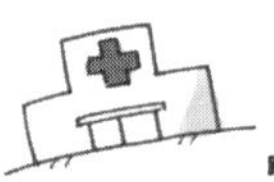

トカラの診療所事情

診療所は各島にひとつあります。その名も「○○島僻地診療所」。
その名の如く(?)、診療所に常駐しているのは各島に看護師たった1人だけ。
医師はいないのです。

Q、診察はどうしてるの?

A. TELや写メ、TV電話等で、鹿児島市内の病院にいる担当医師に現状を伝えて、医師の指示を仰ぎます。

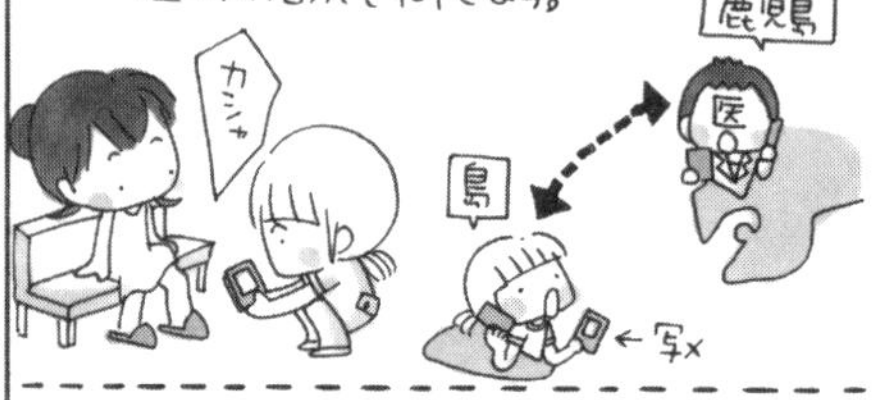

カシャ
鹿児島
医
島
←写メ

Q、医師はまったく来ないの?

A. 月に1~2回は来島します。
ふだん鹿児島市、奄美市内に住んでいる2人の医師が3ヵ月ごとに交代で7島をまわるそう。

A
4~6月
B
7~9月
A
10~12月
B
1~3月

薬

自分がふだんから飲んでいる薬は多めに持参しよう!

島の診療所には、街の病院のように薬はそろってません。フェリーが欠航して3週間ほど島から出られないかも…ぐらいの気持ちで、薬は多めに持参しましょーッ。
持病ある方は特にッ!!

自分の健康は自分で守るべしッ

身も蓋もないですが、もう、コレに尽きるんです…私も他人《ひと》のコト言えませんが。

\Caution!/

蚊・ブヨ・トカラハブ注意‥!!

トカラハブ (P.117も参照)

- 小宝島&宝島のみに生息
- 毒性は奄美や沖縄のハブより弱い
- 血清がないため、かまれたら1週間ほど寝込むらしい
- 鳥をねらって木の上にいるコト多し
- 夕方以降、涼しくなると道に出没

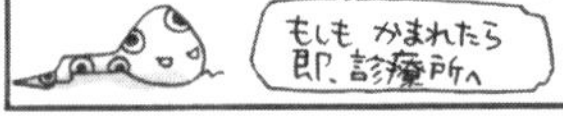

もしも かまれたら
即、診療所へ

ブヨ

- 口之島と中之島では、川、温泉など水がたまっている場所にいるコト多し
- 3~5mmの黒っぽく小さな虫。音もしないので目に見え辛い
- ひどい腫れ&激しいかゆみが長いと1ヵ月続くコトも!?

かまれたら、診療所でかゆみ止めをもらおう

蚊

- めっちゃ強靭な蚊!!
とにかくかゆい、かゆすぎ!!
- 強力虫除けスプレー、長袖、長ズボン必須!!

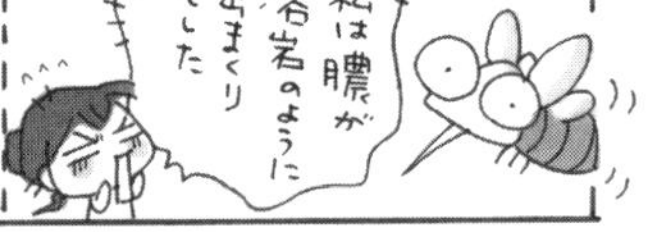

私は膿が溶岩のように出まくりでした

島外でトカラに出会う

◆トカラ結プラザ（NPO法人トカラ・インターフェイス）
住所：鹿児島県鹿児島市泉町13-13-1F
TEL：099-223-0420
営業時間：9:00～18:00
定休日：土・日曜
URL：http://tokara-takara.com/

◆アイランダー
公式サイト：http://www.i-lander.com/

◆離島キッチン 神楽坂店
住所：東京都新宿区神楽坂6-23
TEL：03-6265-0368
営業時間：11:30～14:30（L.O.14:00）、
18:00～22:00（L.O.21:00）
定休日：不定休
URL：http://ritokitchen.com/
※日本橋店、札幌店、福岡店もあります。詳細はHP参照

◆トカラ塾
公式サイト：http://www.tokarajuku.sakura.ne.jp/

② かごっま温泉（銭湯）

鹿児島市内の銭湯はほとんどが温泉!! しかも390円で入れる✰ フェリー乗船前のひとっ風呂に！

③ 農園食堂 森のかぞく

有機農業を行う そのやま農園さんが営む食堂。新鮮で安心安全で野菜がたーっぷり！

④ 桜島フェリー

桜島航路は国道224号線の一部なので、フェリーは24時間運航✰ 静かでのんびりした桜島へ、ぜひ♡

㊟主な道のみの略図になります。

レインボー桜島
⑤ 桜島マグマ温泉

夜に行くと、大浴場の大きな窓からは、電飾を光らせて行き交う桜島フェリーと鹿児島市街の夜景が眺められるよ✿（390円）

ゲストハウス
⑥ moon GARAM MASALA

バックパッカー系、ディープな旅人さんにオススメの小さなゲストハウス。伊平屋島（沖縄）出身のだんなさんと、徳之島（奄美群島）出身の奥さんが営む。

⑦ Green Guest House

トカラの帰りに鹿児島で一泊！個室もあるゲストハウス。フェリー乗り場にも近くて便利✰

DATE

❶たんぽぽ／TEL：099-224-1922、営：9:30〜17:00頃、休：水・日曜・祝日 ❷かごっま温泉／TEL： 099-226-2688、営：8:00〜24:00、休：毎月15日 ❸農園食堂 森のかぞく／TEL：099-227-2708、営：11:00〜15:00（L.O.14:15）（金土は夜営業有18:00〜22:00（L.O.21:00））、休：月曜・第2日曜 ❹桜島フェリー（鹿児島港乗船券発売所）／TEL：099-223-7271 ❺桜島マグマ温泉／TEL：099-293-2323、営：10:00〜22:00（水曜のみ清掃のため13:00〜）、休：無休 ❻moon GARAM MASALA／TEL：090-9952-3513、料金：ドミトリー（男女混合）1300円 ❼Green Guest House／TEL：099-802-4301 (9:00~23:00)、料金：ドミトリー（男女別）1900円・（男女混合）2400円、個室3000円 ❽鮮ど市場 北ふ頭店／TEL：099-222-0311、営：9:00〜19:00、休：日曜・祝日 ❾古書リゼット／TEL：099-210-2718、営：11:00〜19:00ごろ、休：月曜、第2・4日曜 ❿つばめ文庫／TEL：099-281-2729 、営：月・水曜10:00〜18:00（それ以外も事前連絡すれば応相談） ⓫菜々かまど／TEL：099-225-7588、営：18:00〜23:30（L.O22:30）、休：日曜・祝日 ⓬家庭料理すずしろ／TEL099-223-6240、営：18:00〜23:00（L.O.22:00）、休：日曜

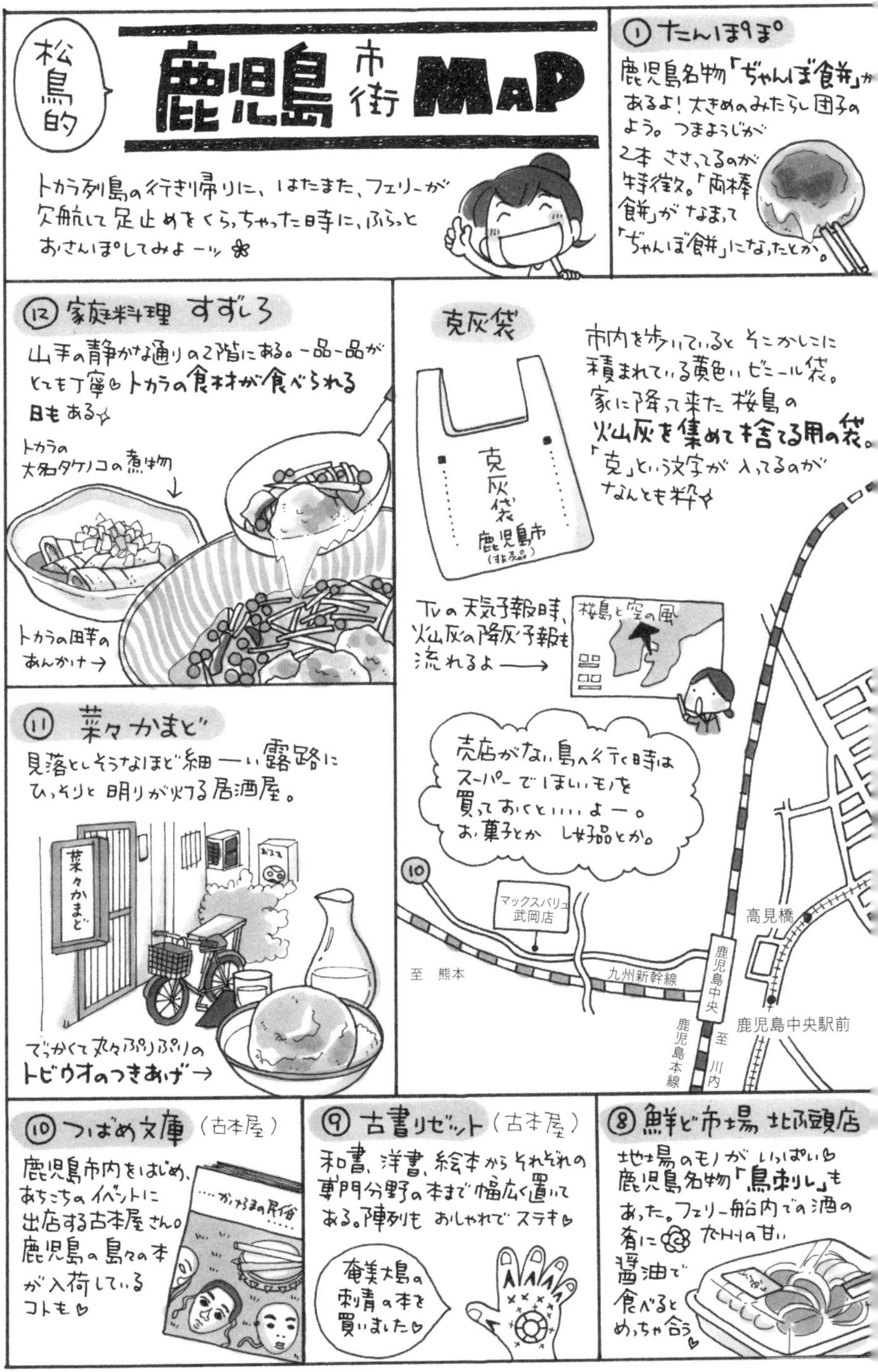
松島的
鹿児島市街MAP
トカラ列島の行き帰りに、はたまた、フェリーが
欠航して足止めをくらっちゃった時に、ふらっと
おさんぽしてみよーッ
① たんぽぽ
鹿児島名物「ぢゃんぼ餅」が
あるよ! 大きめのみたらし団子の
よう。つまようじが
2本ささってるのが
特徴。「両棒
餅」がなまって
「ぢゃんぼ餅」になったとか。
⑫ 家庭料理 すずしろ
山手の静かな通りの2階にある。一品一品が
とても丁寧♡ トカラの食材が食べられる
日もある
トカラの
大名タケノコの煮物
トカラの田芋の
あんかけ→
克灰袋
市内を歩いているとそこかしこに
積まれている黄色いビニール袋。
家に降って来た桜島の
火山灰を集めて捨てる用の袋。
「克」という文字が入ってるのが
なんとも粋
克
灰
袋
鹿児島市
(非売品)
TVの天気予報時、
火山灰の降灰予報も
流れるよ→
桜島と空の風
⑪ 菜々かまど
見落としそうなほど細ーい露路に
ひっそりと明りが灯る居酒屋。
菜々かまど
でっかくて丸々ぷりぷりの
トビウオのつきあげ→
売店がない島へ行く時は
スーパーでほしいモノを
買っておくといいよー。
お菓子とか し好品とか。
⑩
マックスバリュ
武岡店
至 熊本
九州新幹線
鹿児島中央
鹿児島本線
至 川内
高見橋
鹿児島中央駅前
⑩ つばめ文庫(古本屋)
鹿児島市内をはじめ、
あちこちのイベントに
出店する古本屋さん。
鹿児島の島々の本
が入荷している
コトも♡
⑨ 古書リゼット(古本屋)
和書、洋書、絵本からそれぞれの
専門分野の本まで幅広く置いて
ある。陳列もおしゃれでステキ♡
奄美島の
刺青の本を
買いました♡
⑧ 鮮ど市場 北ふ頭店
地場のモノがいっぱい♡
鹿児島名物「鳥刺し」も
あった。フェリー船内での酒の
肴に だけの甘い
醤油で
食べると
めっちゃ合う♡

トカラに移住したくなったら

十島村では、トカラ列島の移住促進事業として様々な助成制度を行っています。これまでに、過去7年間でトカラ7島へ移住した人は、162世帯、271人(平成22～29年度U・Iターン者数／十島村調べ)。平成27年の国税調査では、人口増加率が全国2位(15.1%)になりました。

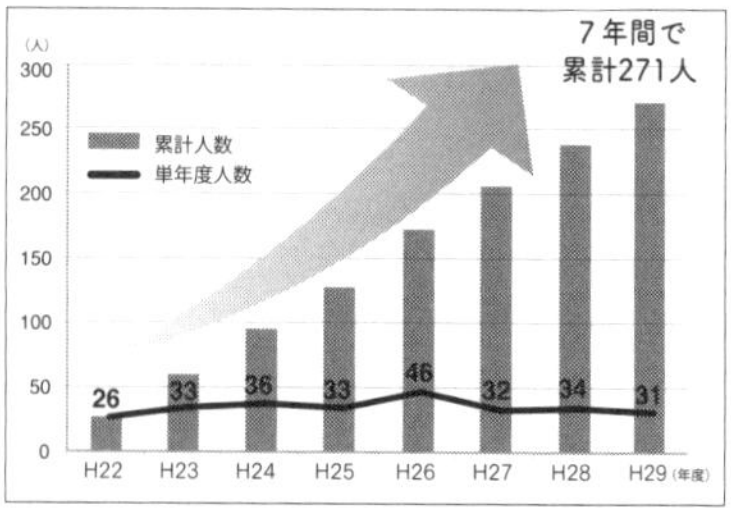

トカラ列島における移住者呼び込み状況(U・Iターン含む)
(十島村役場調べ／H30年3月現在)

移住支援制度やサービスについて

(この情報は平成30年6月のものです。)

暮らし

・村営住宅の提供(例／家賃月6,000円～)
・1年以上居住する者に定住促進生活資金を交付
(例／婚姻した場合10万～20万円)
・引越し費用の一部負担　など

仕事

・農林水産業等に従事した日数に応じた奨励金
(例／後継者＆新規参入者は最大5年間、体験希望者には2カ月以内)
・漁具や農具などの設備や機材調達のサポート、商品開発の支援　など

子育て

・出生による生活資金の交付
(例／第1子30万円、第2子40万円、第3子50万円)
・ミルクや紙オムツの支給や、子供の医療費の一部負担
・「山海留学」の受け入れ　など

◆問い合わせ

詳しくは、十島村役場のHPをご覧ください。

http://www.tokara.jp/tourism/

【鹿児島県十島村地域振興課定住対策室】
住所：鹿児島県鹿児島市泉町14番15号
TEL：099-222-2101
FAX：099-223-6720
e-mail：tokaratiiki@tokara.jp

トカラをもっと知りたい人に

トカラ列島の本 いろいろ

島好きなら、必読書ッ☆

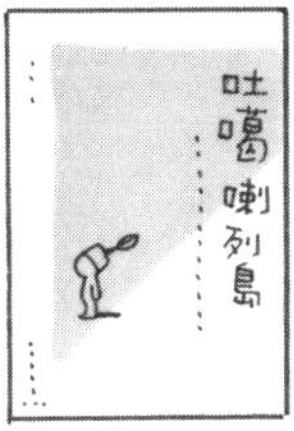

日本の有人島を南鳥島以外すべて行ったコトのある**離島界のレジェンド**・潤さんによるトカラ本。**トカラ歴は43年!!** トカラを知るには ぜーったい読むベし！
現在、電子書籍のみで発売中。

「吐噶喇列島～絶海の島々の豊かな暮らし～」
斎藤 潤 著／光文社新書（770円＋税）

トカラにゴルフ場!?

ゴルフ雑誌で大人気連載中のこの作品。コミック1～7巻の**舞台はトカラ!!**
私ゴルフはまったくわからないのだけれど、島の生活ネタだけでめっちゃ楽しめました♡ **住んでないとわからない話**なども けっこう入っていて わくわくしますッ。

「オーイ！とんぼ」 1～12巻
作・かわさき健、画・古沢優／ゴルフダイジェスト社（600円＋税）
※「週刊ゴルフダイジェスト」連載中

トカラ帰りに奄美の黒糖焼酎めぐり♡

『hitokei』（離島経済新聞社）の鯨本編集長と、黒糖焼酎の語り部である石原さんによる奄美黒糖焼酎本。**全25蔵の訪問記と奄美群島5島の楽しみ方**も入っていて一石二鳥☆ この本片手に、トカラ帰りは奄美へ行こう♡

「くじらとくっかるの島めぐり あまみの甘み あまみの香り」
鯨本あつこ、石原みどり 著／西日本出版社（1,400円＋税）

〈参考文献〉

『南日本の民俗文化写真集３　トカラ列島』下野敏見 著（南方新社）
『南日本の民俗文化誌３　トカラ列島』下野敏見 著（南方新社）
『奄美、吐噶喇の伝統文化～祭りとノロ、生活～』下野敏見 著（南方新社）
『吐噶喇～トカラの遠い空から～』瀬尾央 著（山と渓谷社）
『十七年目のトカラ・平島』稲垣尚友 著（梟社）
『悲しきトカラ～平島生活記録～』稲垣尚友 著（未來社）
『軍政下奄美の密航・密貿易』佐竹京子 編著（南方新社）
『チクマ離島シリーズ　吐噶喇』十島村役場 編（チクマ秀版社）
『トカラの伝統食材と郷土料理集～トカラのタカラ・郷土の味覚再発見～』
（NPO 法人トカラ・インターフェイス）
『トカラ列島物語・新事典～トカラの「宝」発掘・宝探しで島再生を～』
（NPO 法人トカラ・インターフェイス）
『日本一長い村トカラ～輝ける海道の島々～』長嶋俊介、福澄孝博、木下紀正、升屋正人 著（梓書院）
『吐噶喇へ～島へ 海と人のなかで①～』清水哲男、今村治華 著（渕上出版）

あとがき

私の島旅のはじまりは、学生時代に訪れた屋久島でした。

声優・林原めぐみさんの屋久島で撮影されたCDジャケットがきっかけ。
ジャケットと同じ場所で写真を撮っては、キャピキャピはしゃいでいました。
今で言う「聖地めぐり」です（ミーハー・笑）。

屋久島のその先に、トカラ列島という日本最後の秘境と呼ばれる島々があるなんて、
知る由もなかったあの頃。

それが、今、トカラ列島の最北端・口之島から
洋上のアルプスと称される屋久島を見つめている私がいます。
この70キロメートルを渡るのに、なんやかんやしていたら20年弱も経っていました。

山と海が近く、自分にとって非日常な自然がいっぱいな島。

やさしい島の人々。
ただただ、楽しかった当時の私。

その後、いくつもの島を巡っているうちに、
島は「楽しい」だけじゃないことに気づきはじめました。
特に絶海の孤島は国境に位置するコトが多く、
波乱に満ちた歴史をたどっています。

都会から離れれば離れるほど、
災害が起きてもニュースに挙がらず、その存在さえ知られていない島が多いのです。

ここ数年、廃墟好きの観光地として人気の某島。
経済主義かつ高齢化が進む今の日本のままだと、
いつか日本列島も無人島になってしまうよと警告してくれているように、
私は感じて仕方ないのです。
（大袈裟かもしれないけれど…）

島は、いろんな意味で日本の最先端だと思うのです。

けれど、その未来は、決して「廃れる」だけではありません。
Uターン&Iターン者が離島に移り住み、
インターネットなどを駆使して内地とたくさんの繋がりをつくり、
人の行き来が生まれています。
今まで光が当たらなかった島々を世に伝え、
新たな産業をも起こしているトコロもあります。

それは、
内地の私たちが見習わなければならない最先端のコトのようにも思うのです。

ただ、どの地域でもその変化を良いと思う人ばかりではないけれど、
その人たちの気持ちも、とても大切。

どちらも、島の未来を考えているコトには、変わりないのだから。

両者のコトを考えると、
私の頭の中は、いつまでたっても堂々めぐりです。
その土地の人ではない私が悩んでも、どうにもならないかもだけれど…。

でも、それは、島だけのコトではなくて
私たちの日常のくらしの中で起こっているコトにも似てるなぁと。
職場、学校、地域、家族……、それぞれの間にも相反する時ってあると思うのです。

そんな、いろいろな気持ちもカバン
に詰めつつ、
トカラ列島はもちろん、あちこちの
島々や地域に、これからもたくさん
のコトを教えてもらうために
私は、また、ふらふら〜っと出かけ
て行くのです。

サンヤレ踊り開始直前の老杉神社境内にて

松鳥むう

トカラまで足を運んでくださった
編集の小西さん&西日本出版社の
内山社長。
シンプルでかわいいデザインをしてくださった
中島さん。
トカラで私に出会ってくださったみなさま。
いろいろ教えてくださった
トカラ好きのみなさま。
この本に関わってくださったすべての方々…
ほんまにほんまにありがとうございましたッ
フェリーとしま2
TOKARA

松鳥むう（まつとり・むう）
イラストエッセイスト。1977年生まれ。滋賀県出身。離島とゲストハウスと滋賀の民俗行事を巡る旅がライフワーク。20歳で初めて屋久島へ。青い海や巨大ガジュマルに感激し、島の人たちの温かいつながりに“なつかしさ”を覚える。その“なつかしさ”を探しに、以後、あちこちの島へ足を運ぶように。これまで訪れた国内の島は84島。その土地の日常の暮らしにちょこっとおじゃまさせてもらう旅が好き。著書に『島旅ひとりっぷ』（小学館）、『あちこち 島ごはん』（芳文社）、『日本てくてくゲストハウスめぐり』（ダイヤモンド社）、『ちょこ旅 小笠原＆伊豆諸島』『ちょこ旅 瀬戸内』（いずれもアスペクト）、『おばあちゃんとわたし』（方丈社）、『ちょこ旅 沖縄＋離島 かいてーばん』（スタンダーズ）などがある。
http://muu-m.com/

島好き最後の聖地
トカラ列島 秘境さんぽ

2018年7月24日初版第一刷発行

著　者　松鳥むう
発行者　内山正之
発行所　株式会社西日本出版社
http://www.jimotonohon.com/
〒564-0044
大阪府吹田市南金田1-8-25-402
【営業・受注センター】
〒564-0044
大阪府吹田市南金田1-11-11-202
TEL.06-6338-3078
FAX.06-6310-7057
郵便振替口座番号00980-4-181121

編　集　小西智都子（ROOTS BOOKS）
デザイン　中島佳那子（鷺草デザイン事務所）
イラスト　松鳥むう
写　真　松鳥むう
印刷・製本　シナノパブリッシング

取材・制作にご協力いただいた皆様に、
心よりお礼を申し上げます。

本書の情報はすべて2018年6月のものです。

乱丁落丁は、お買い求めの書店名を明記の上、
小社宛にお送りください。
送料小社負担でお取り換えさせていただきます。

©松鳥むう2018 Printed in Japan
ISBN978-4-908443-25-1　C0026

校章

トカラの各島の校章デザインが超絶かわいいのでご紹介♡

口之島小・中学校

中之島小・中学校

諏訪之瀬島
小・中学校

平島小・中学校

悪石島小・中学校

宝島小・中学校
&
小宝島分校

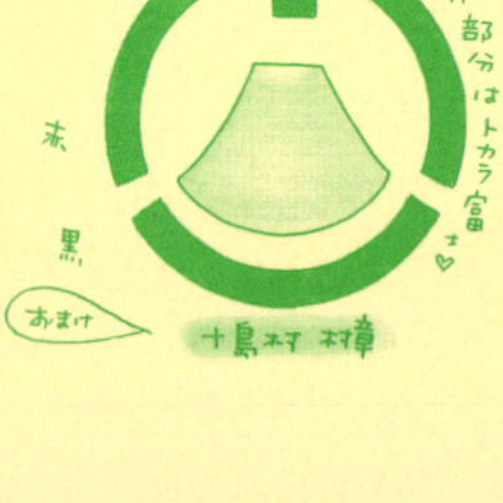

十島村村章